RICO DESIGN

AF892413

Liebe Strickfans,

die neue Kids-Kollektion ist supermodern und macht einfach Spaß! Wir haben zeitlose Strickstyles für Mädchen und Jungen von 3 bis 12 Jahren designt. Jacken, Pullunder und Pullover, wärmende Accessoires sowie ein paar zuckersüße Strickhighlights in Kuscheltieroptik bringen Kinderaugen zum Leuchten.

Die Farbwelt reicht von kühlen und gedeckten Wintertönen bis hin zu warmen, bunteren Kolorits. Wie immer gibt es Modelle in unterschiedlichen Schwierigkeitsgraden, sodass sowohl Strickneulinge als auch Profis das Passende finden.

Auf die Nadeln kommen das neue, megaflauschige Garn Creative Teddy, das wunderschöne Verlaufsgarn Creative Chic-Unique und das weiche Soft Alpaca. So können die Kleinen auch bei kühler Witterung chic gestylt und gut gewärmt an die frische Luft.

Viel Freude beim Entdecken und Stricken wünscht Ihnen

Ihr Rico Design Team

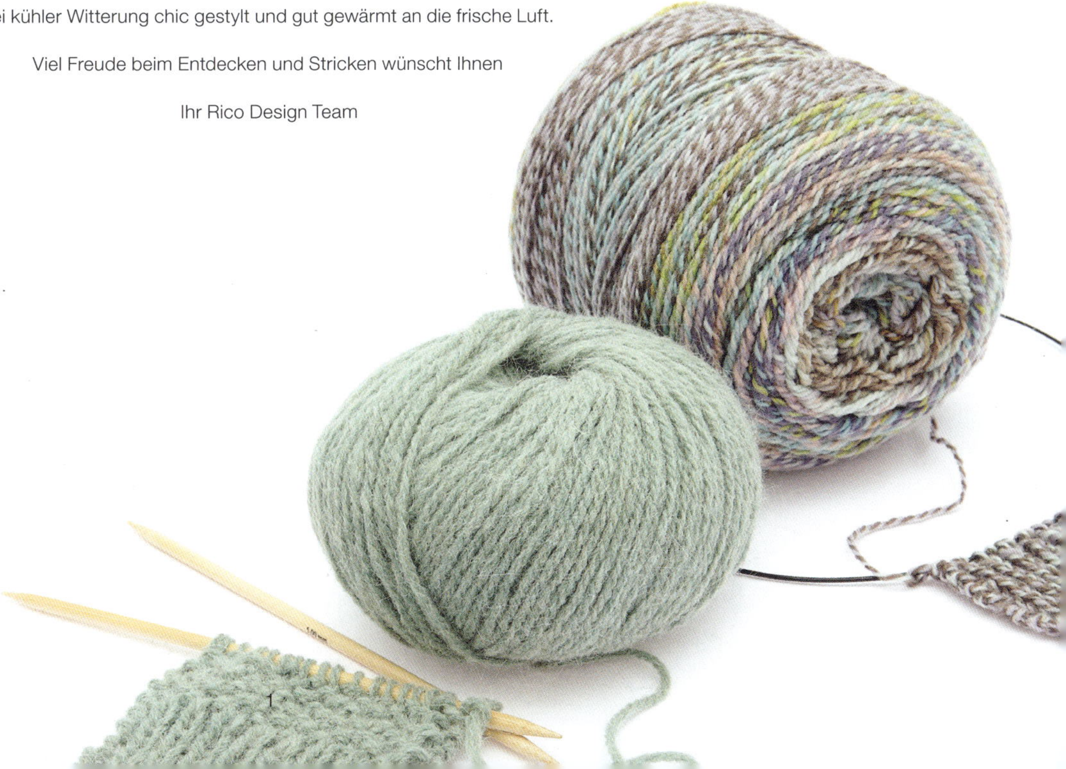

HAND IN HAND

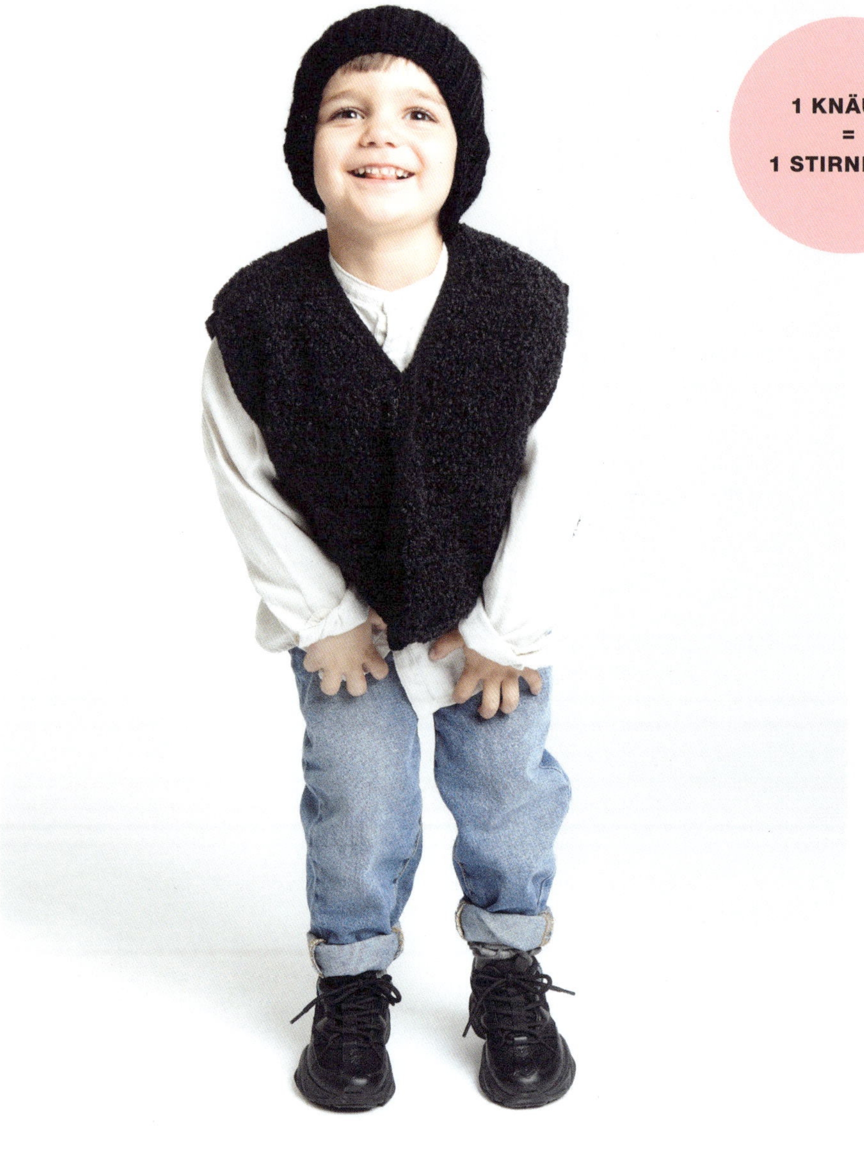

1 KNÄUEL
=
1 STIRNBAND

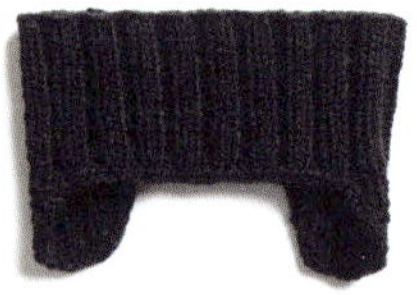

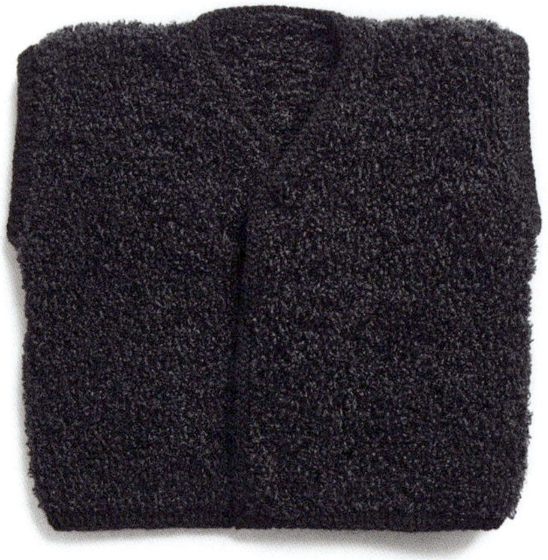

Weste und Stirnband sind eine großartige Kombination, die auch kühlerem Wetter standhält. Das neue Garn Creative Teddy, das Sie hier in den Farben Rosa und Schwarz sehen, ist superflauschig und hält mit seiner dichten Struktur schön warm.

Modell 01 | Weste | Creative Teddy – 100 g | Soft Alpaca – 50 g || **Modell 02** | Stirnband | Soft Alpaca – 50 g

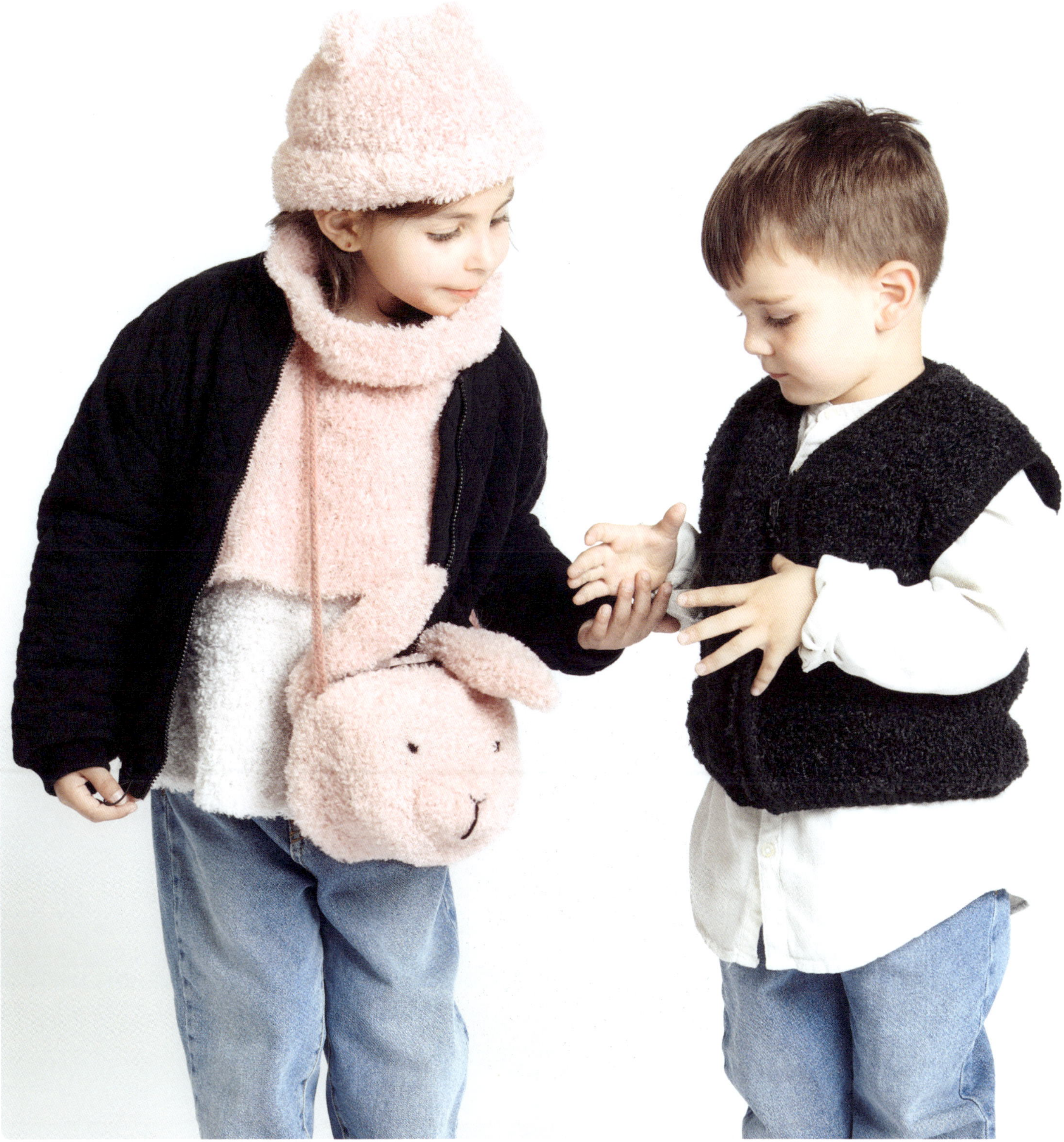

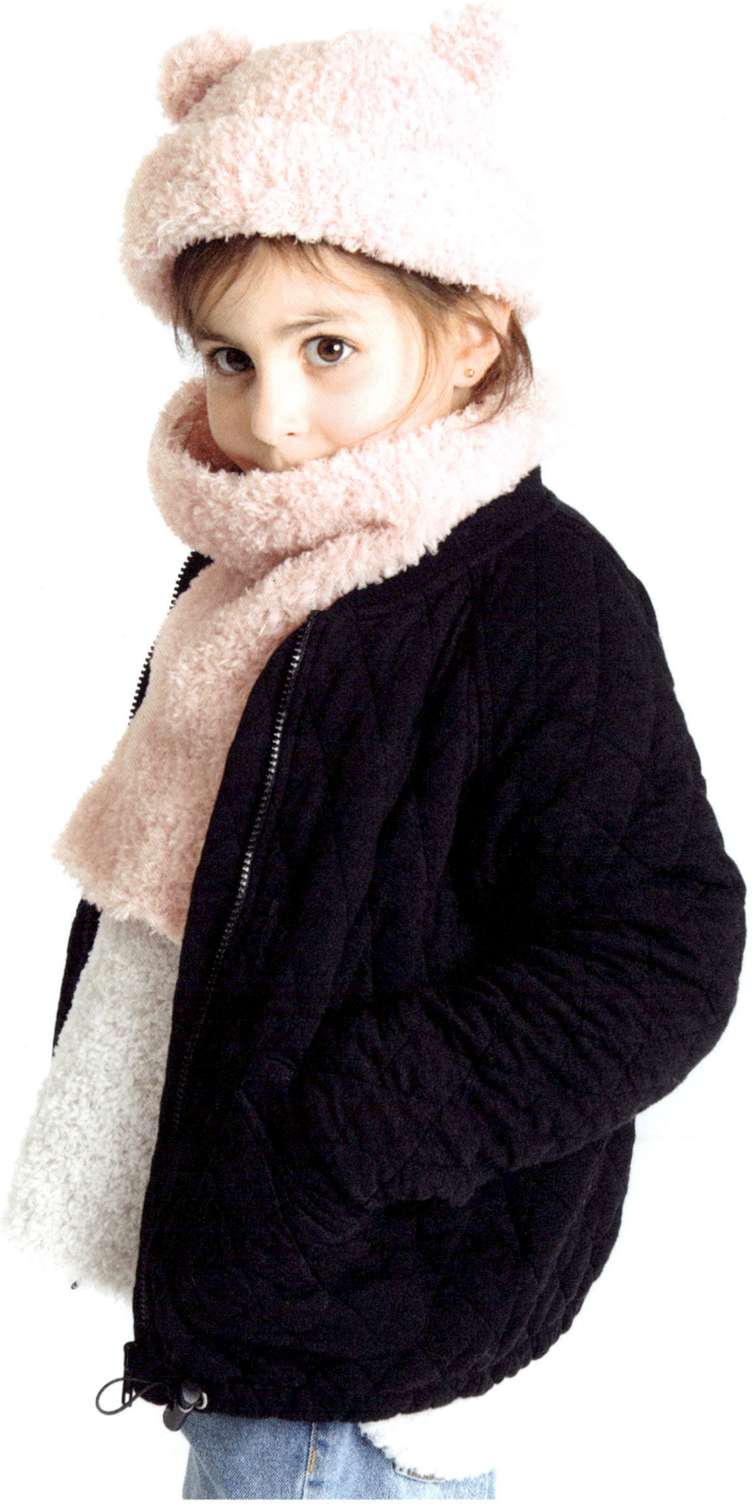

1 KNÄUEL
=
1 LOOP /
1 MÜTZE

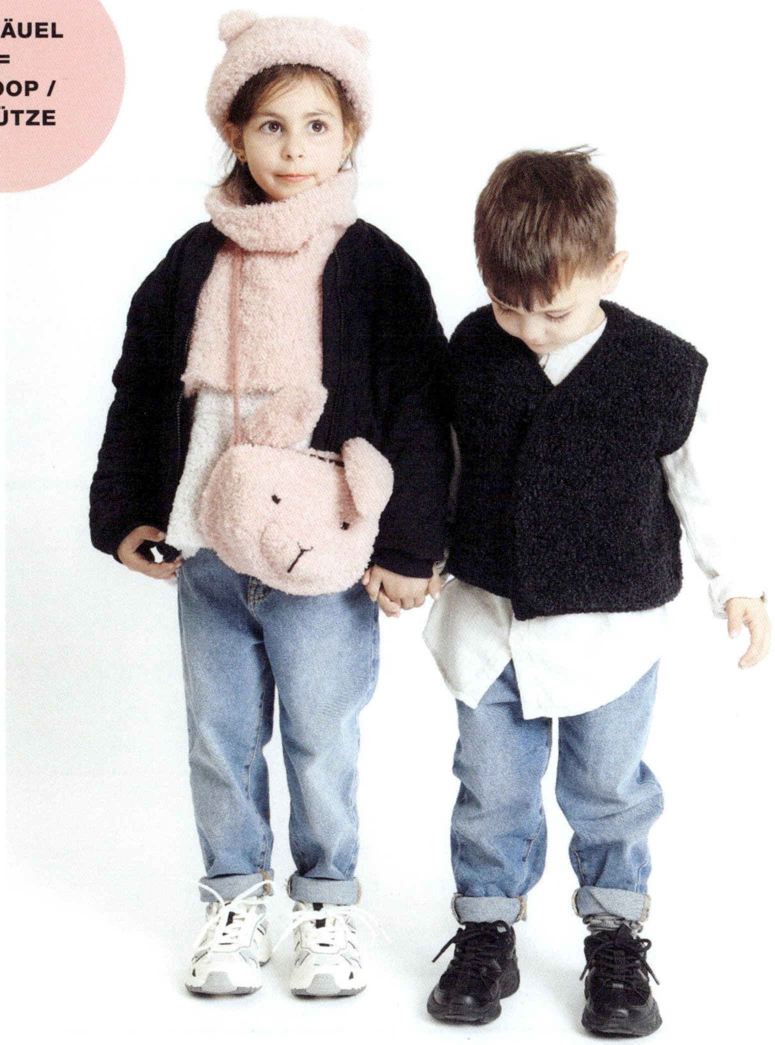

SO FLAUSCHIG !

Mit den megasüßen Ohren, die Sie nachträglich annähen, wird die flauschige Mütze zum Highlight des Winterstylings. Komplettiert wird der Look von dem passenden Loop – beides einfach zu stricken aus je einem Knäuel Creative Teddy.

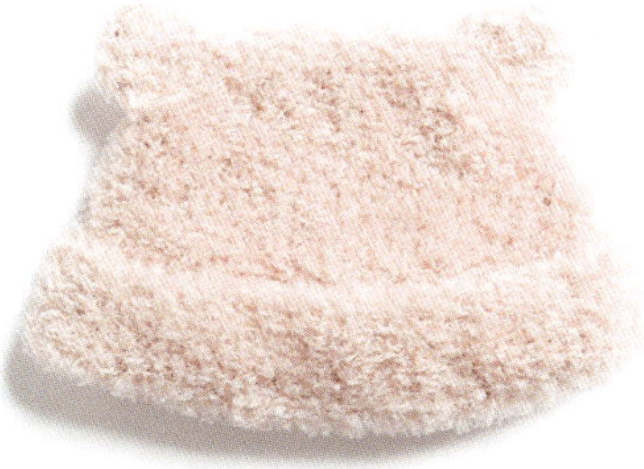

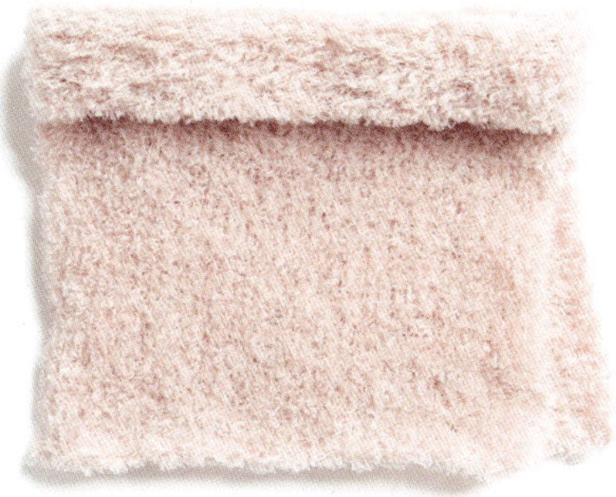

Modell 03 | Loop | Creative Teddy – 100 g || **Modell 04** | Mütze | Creative Teddy – 100 g
Modell 17 | Häschentasche | Creative Teddy – 100 g | Soft Alpaca – 50 g

SCHÖN VERPACKT

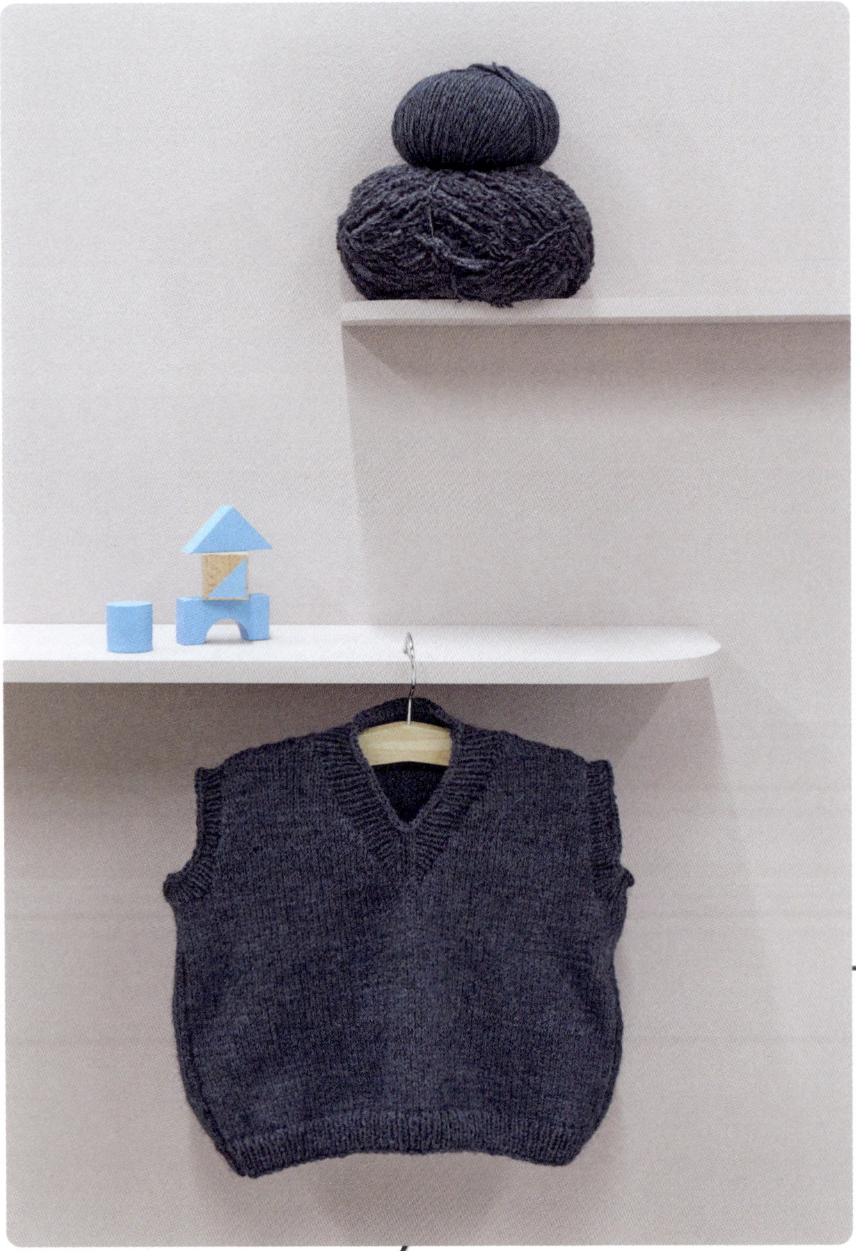

Der marinefarbene Pullunder mit V-Ausschnitt ist ein zeitloses Modell, das sich zu besonderen Anlässen ebenso chic kombinieren lässt wie für den erfolgreichen Shopping-Ausflug in den Kaufmannsladen. Sie stricken ihn glatt rechts mit Bündchen und Blenden in 1-1-Rippen.

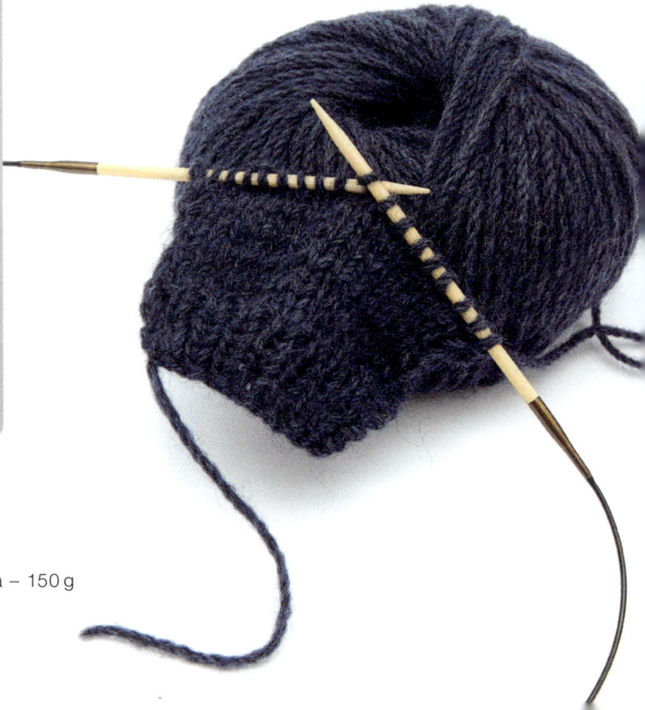

Modell 05 | Pullunder | Soft Alpaca – 150 g

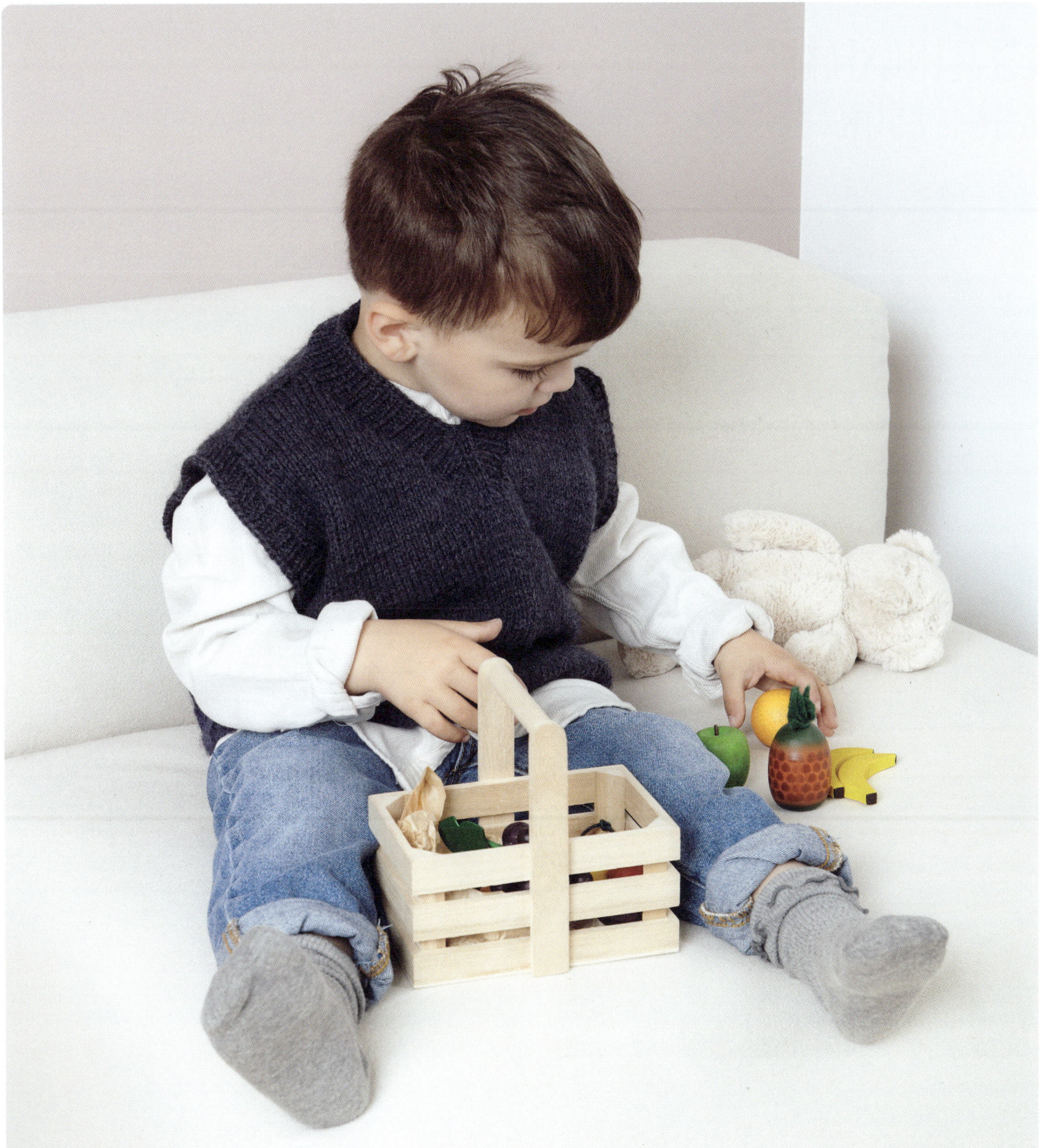

LIEBLINGSFARBE KUNTERBUNT

1 KNÄUEL = 1 MÜTZE

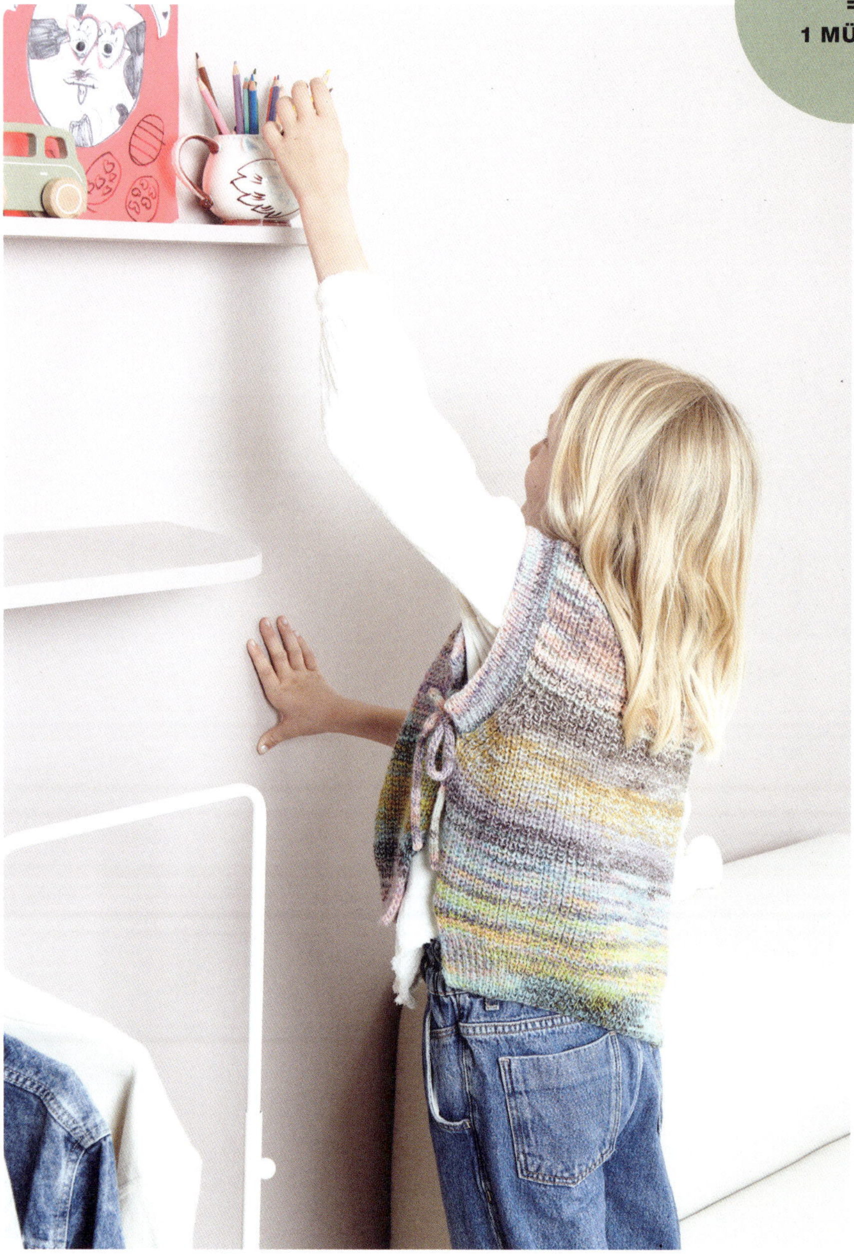

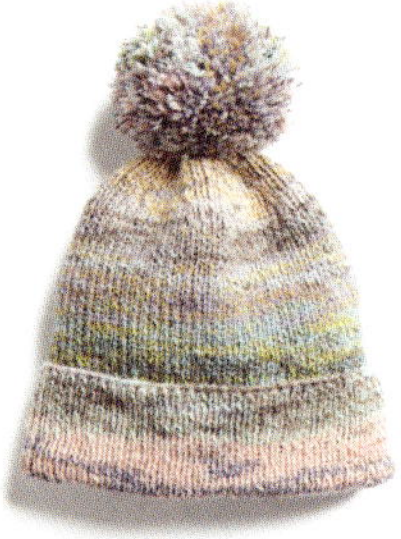

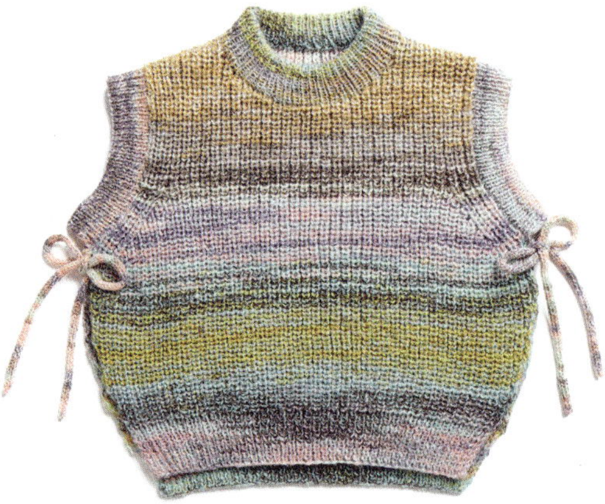

So farbenfroh wie ein Kinderzimmer: Sie stricken den Pullunder aus einem Knäuel Creativ Chic-Unique. Mit den mega Schleifen an den Seiten ist er ein supermodisches Teil, das sich einfach überstreifen lässt. Dazu passend kombiniert die Rippenmuster-Mütze im gleichen Farbton „Wildflowers".

Modell 06 | Pullunder | Creative Chic Unique dk – 200 g || **Modell 07** | Mütze | Creative Chic Unique dk – 200 g

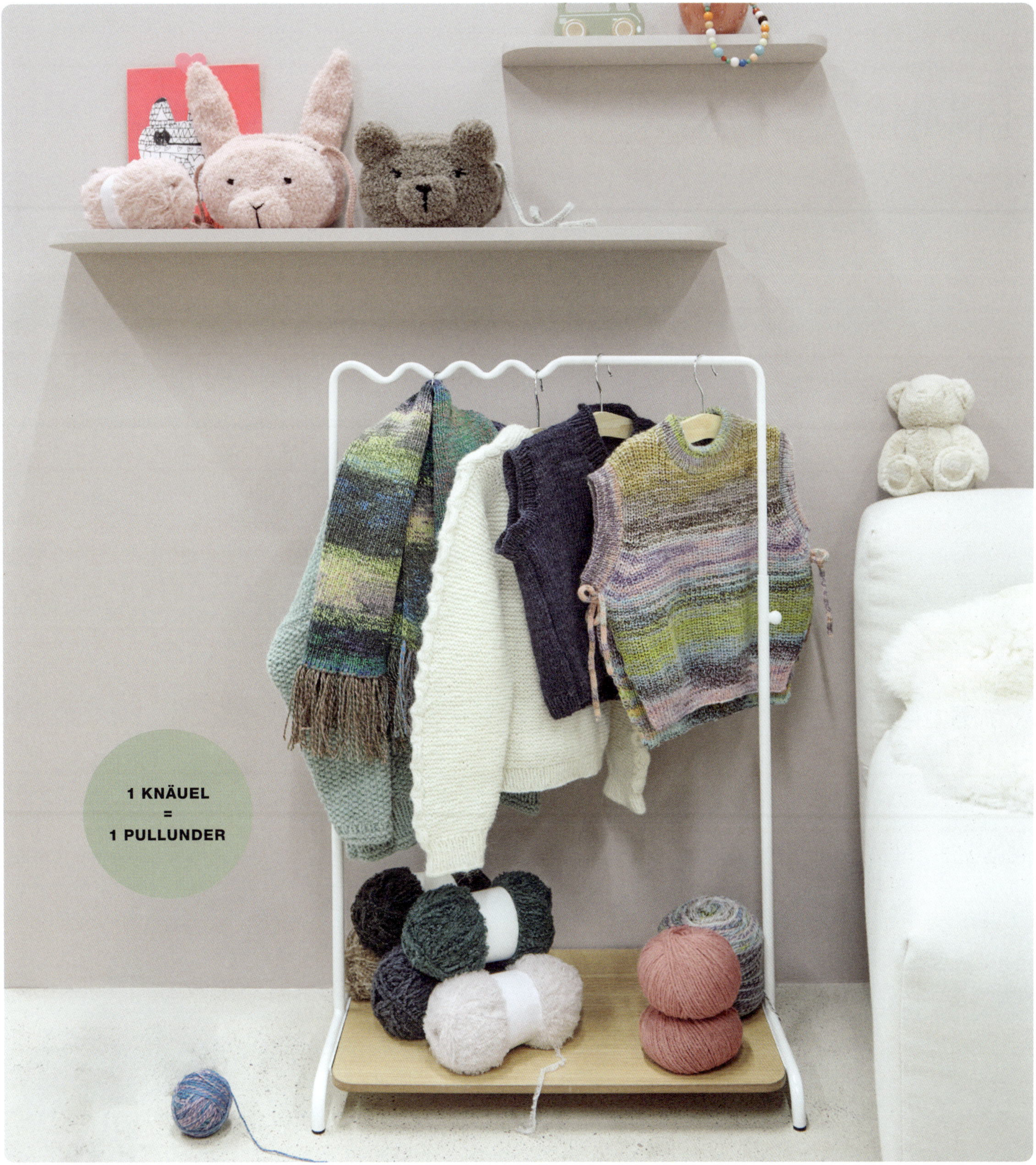
1 KNÄUEL
=
1 PULLUNDER

EINMALIG

1 KNÄUEL
=
1 JACKE

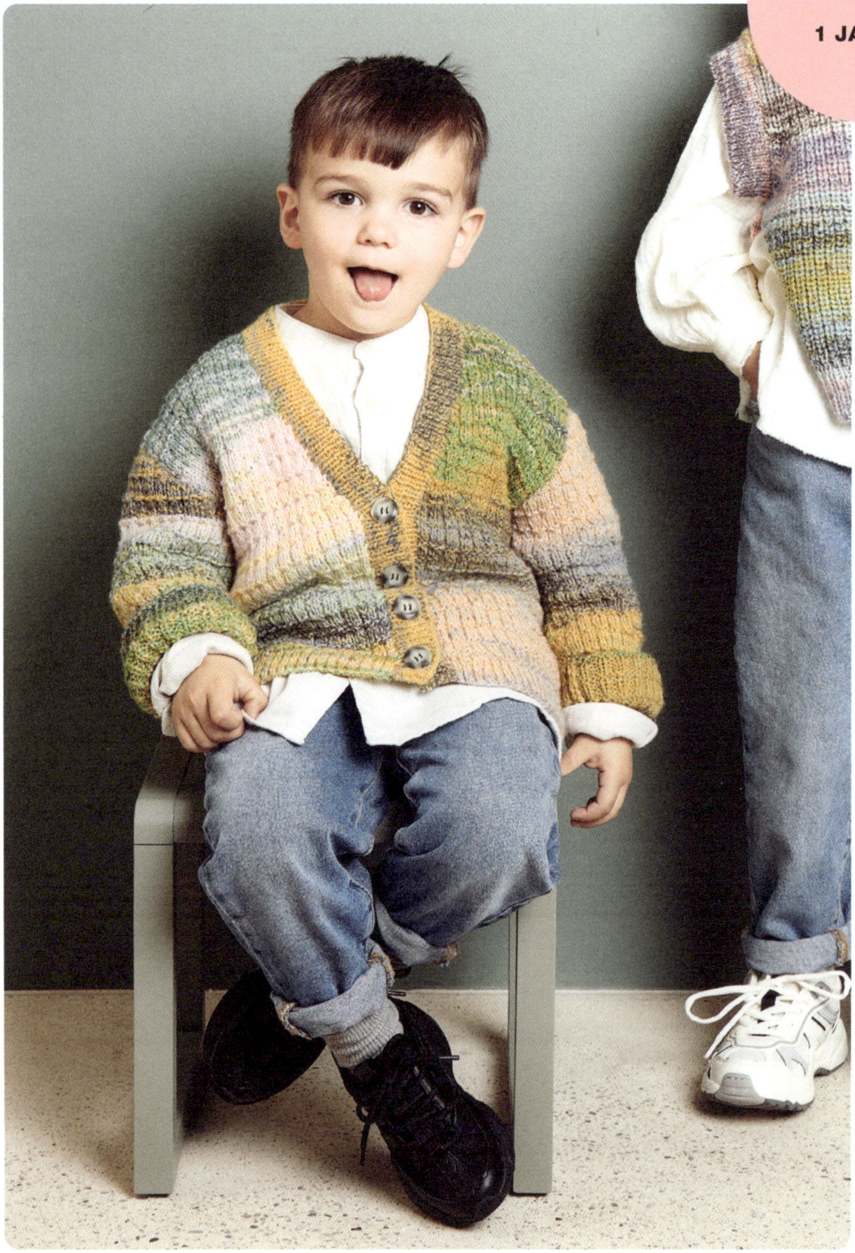

Der moderne Strukturmuster-Cardigan ist in seinen Farben so einzigartig wie die kleine Person, die ihn trägt. Das Garn Creative Chic-Unique, hier im Farbton „Forest“, kreiert aufgrund seiner besonderen Struktur bei jedem Strickstück individuelle Farbverläufe und macht so besonders viel Spaß – beim Stricken wie beim Stylen.

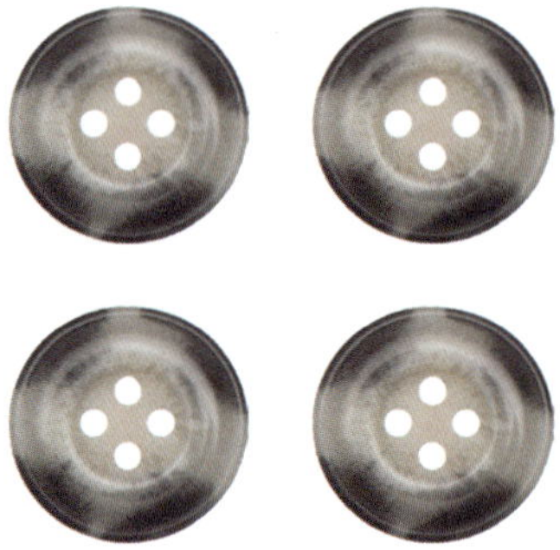

Modell 08 | Cardigan | Creative Chic Unique dk – 400 g

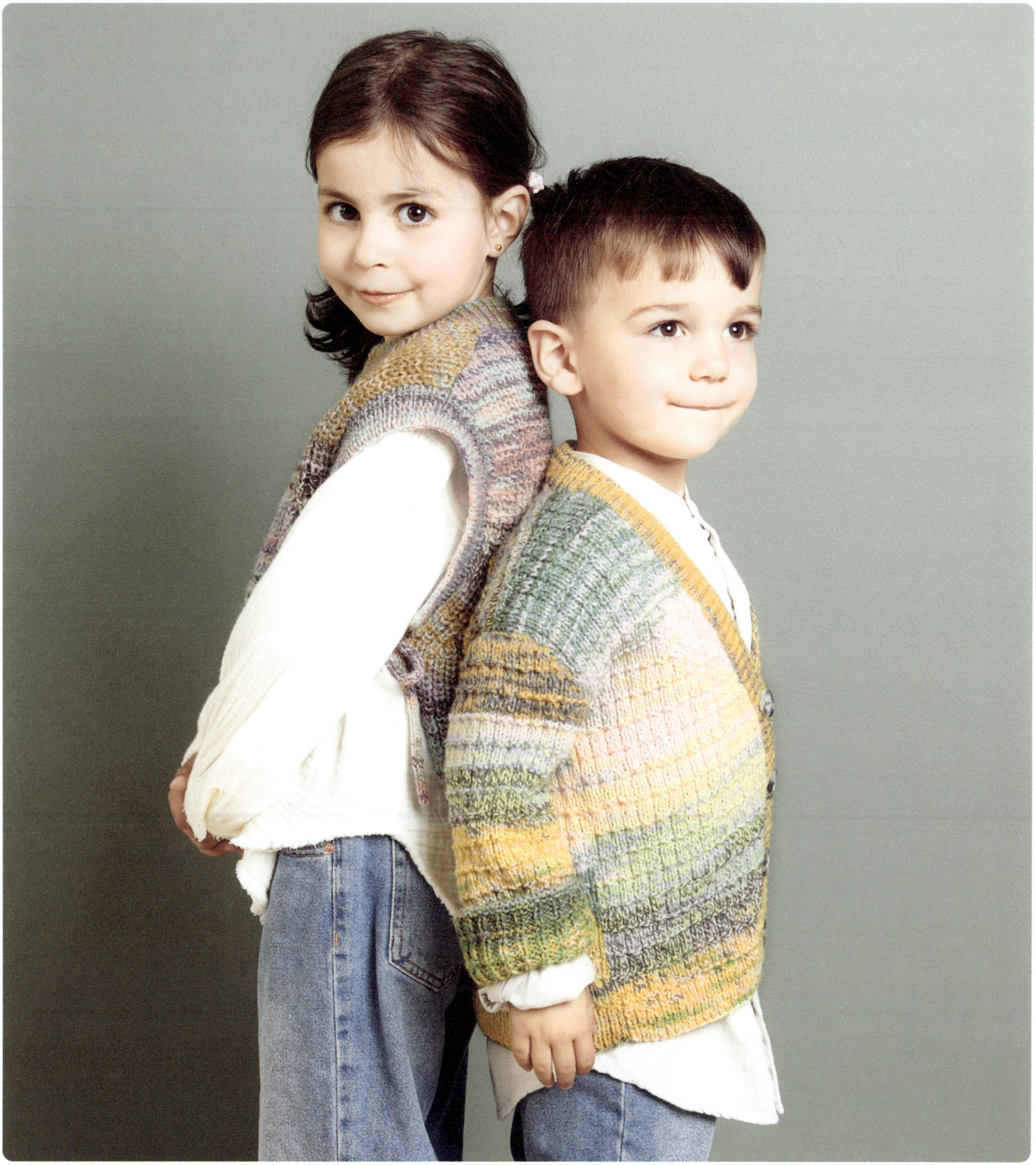

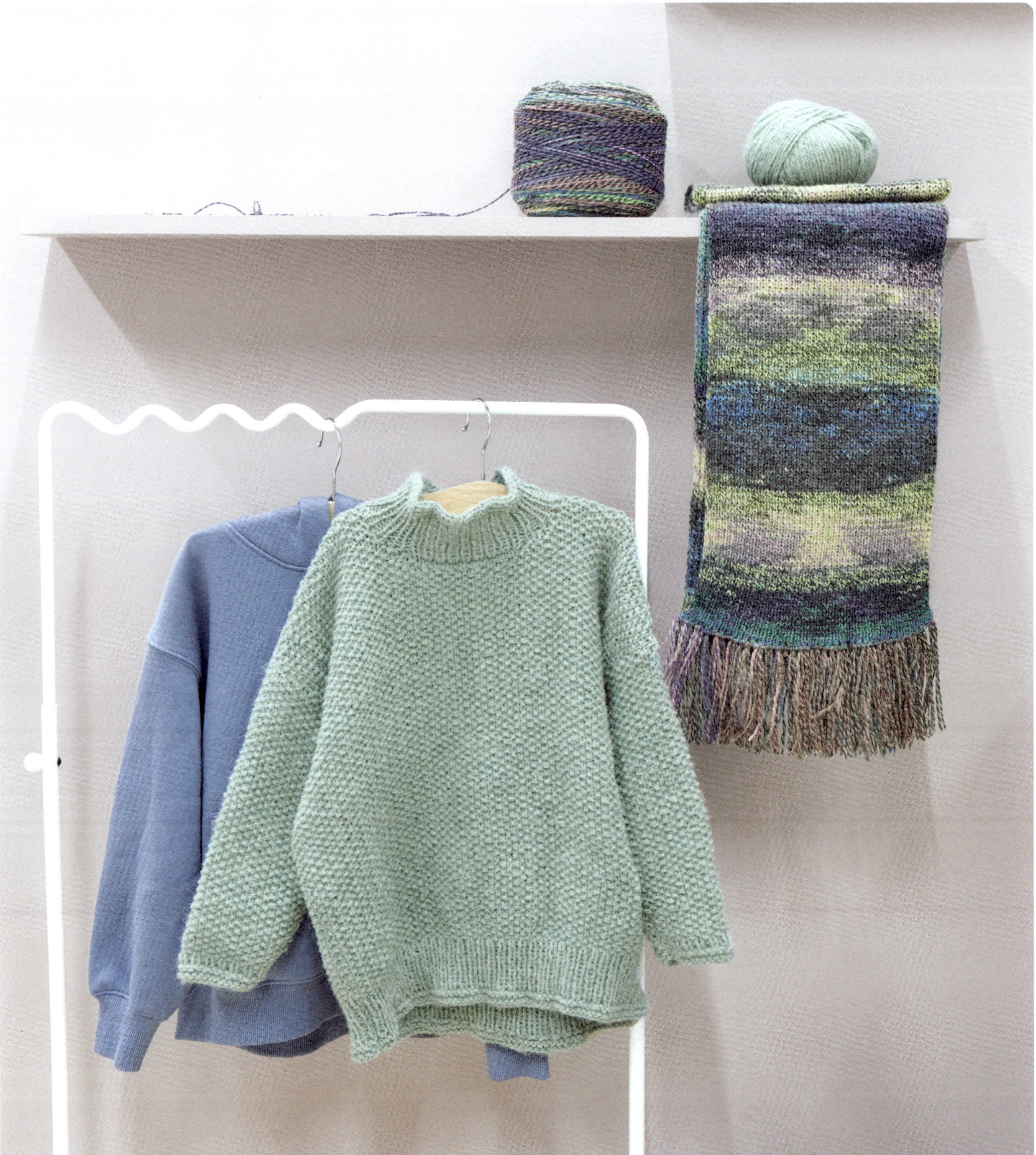

HAPPY DAY

Eine wahre Freude an kalten Wintertagen: Der stylishe Pulli aus dem hochwertigen Garn Soft Alpaca hält mit seinem Stehkragen schön warm. Das Perlmuster kommt im Farbton „Aqua“ besonders schön zur Geltung.

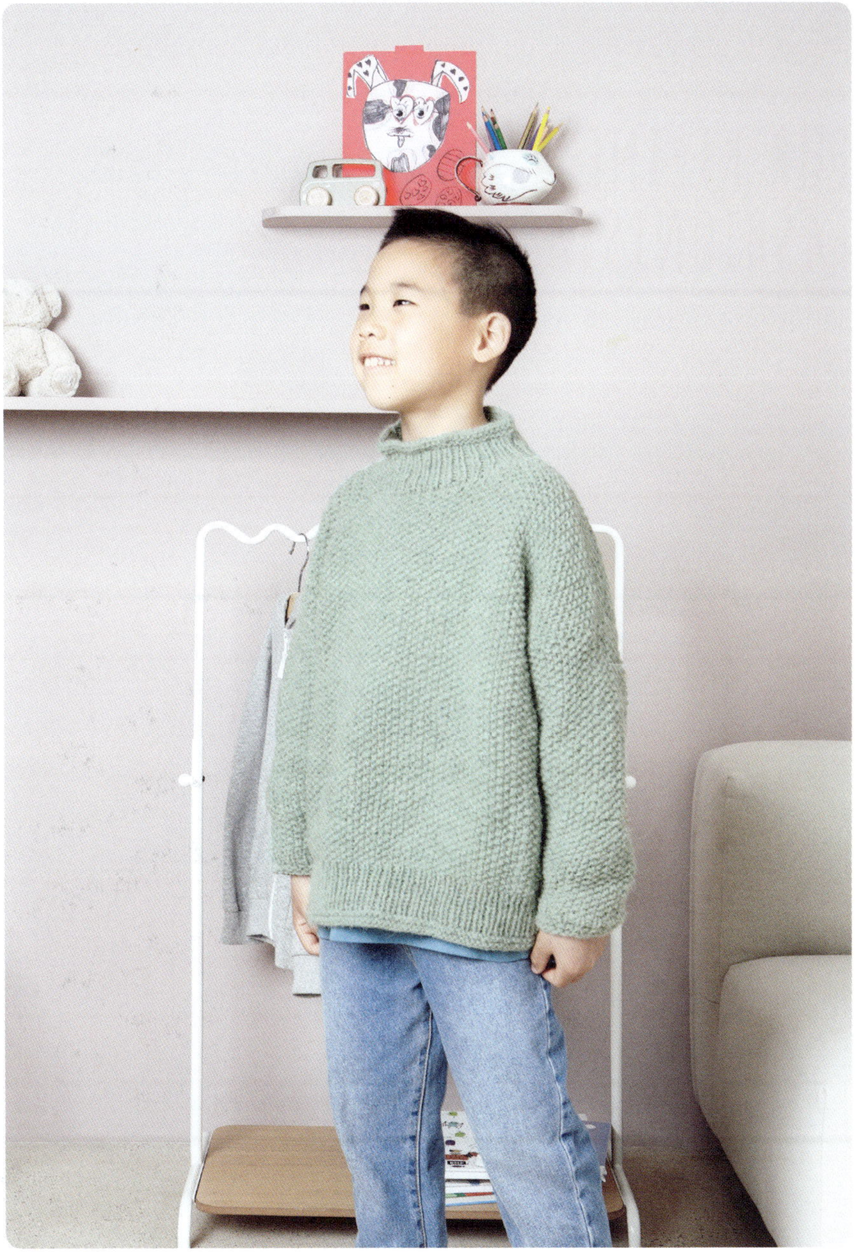

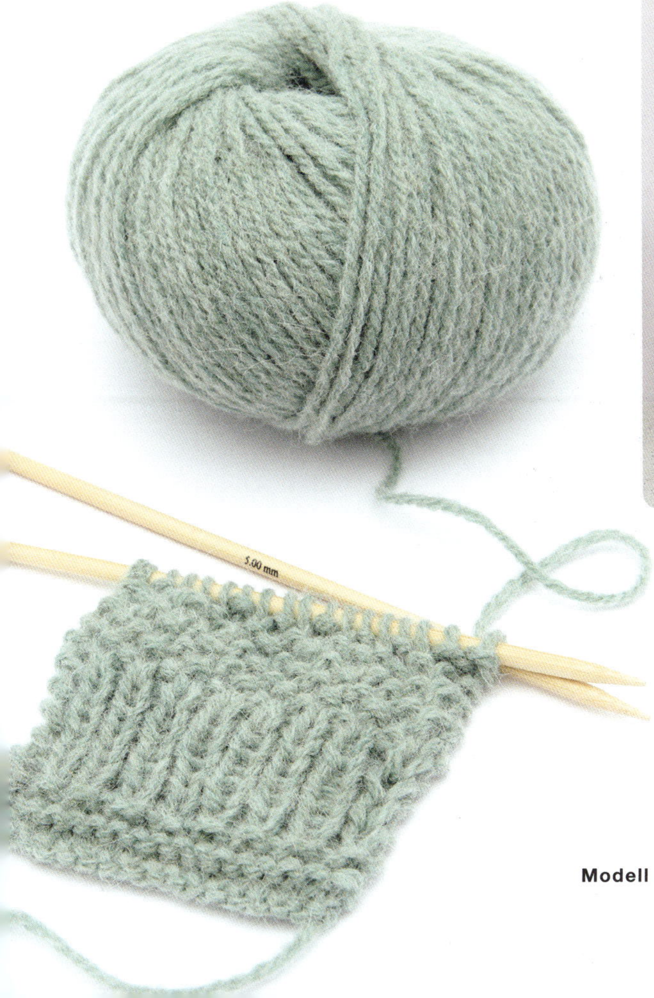

Modell 09 | Pullover | Soft Alpaca – 250 g

FÜR KLEINE FASHIONISTAS

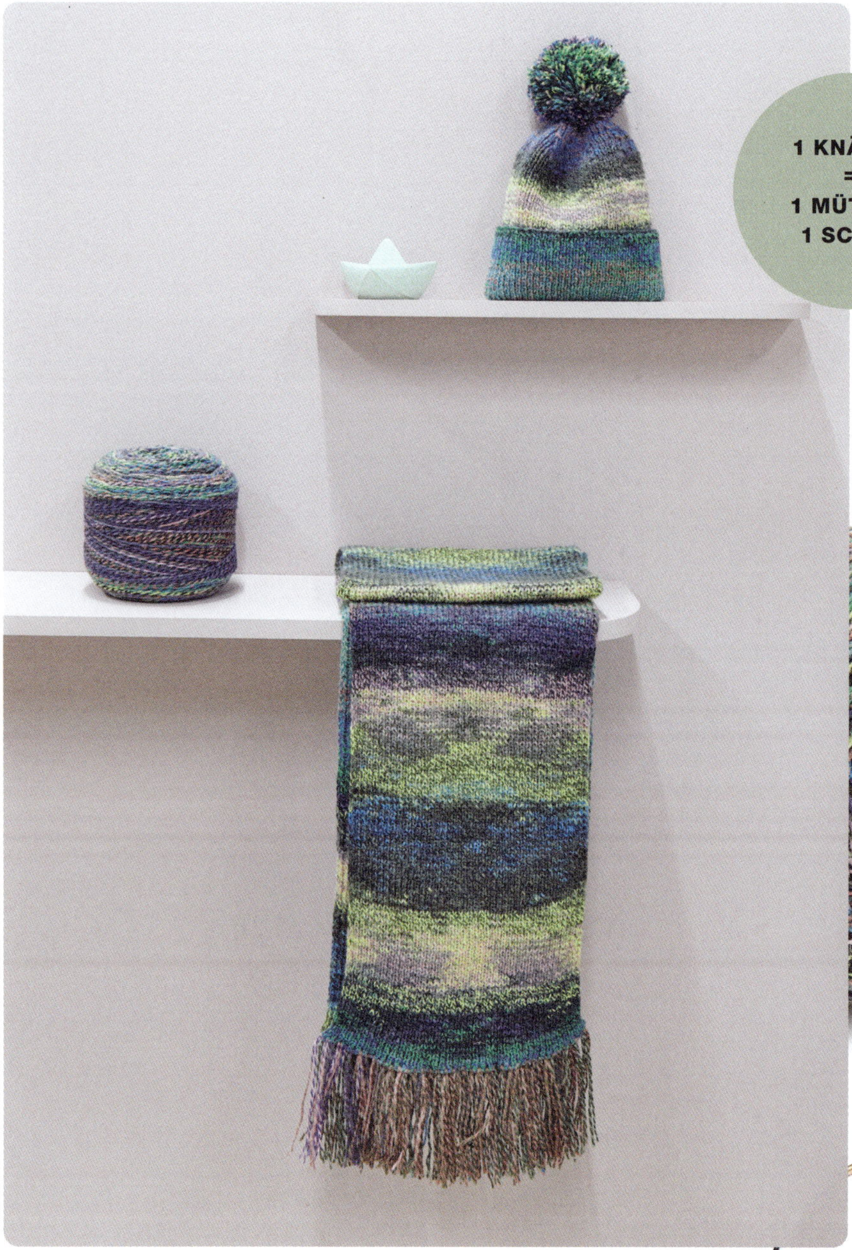

1 KNÄUEL = 1 MÜTZE / 1 SCHAL

Dieses mega It-Piece-Set aus Schal und Bommelmütze stricken Sie im einfachen Rippenmuster. Highlight: Die Fransen werden nachträglich angeknüpft und verleihen dem XL-Halswärmer einen coolen Look.

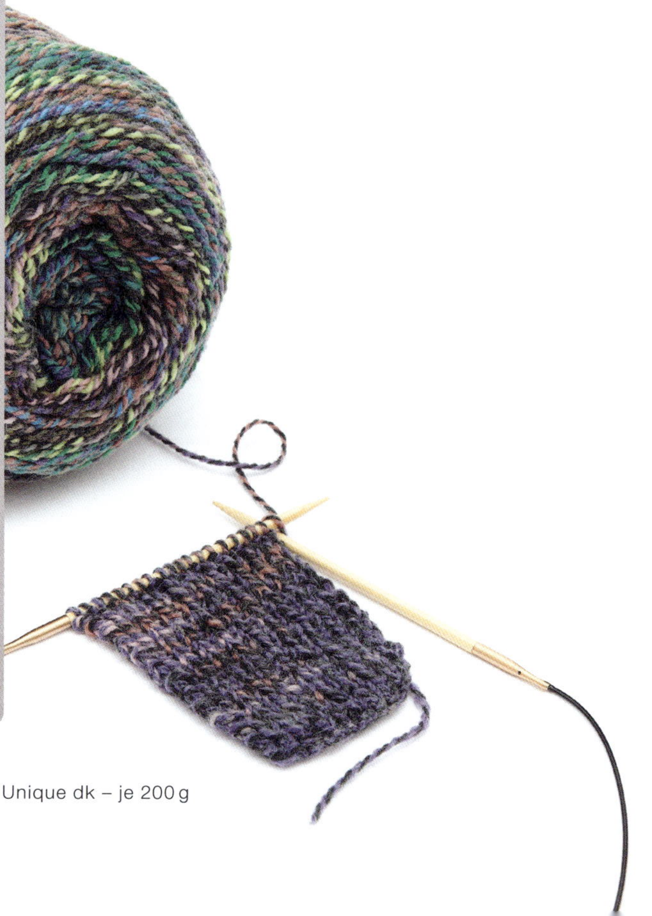

Modell 07 + 10 | Schal + Mütze | Creative Chic Unique dk – je 200 g

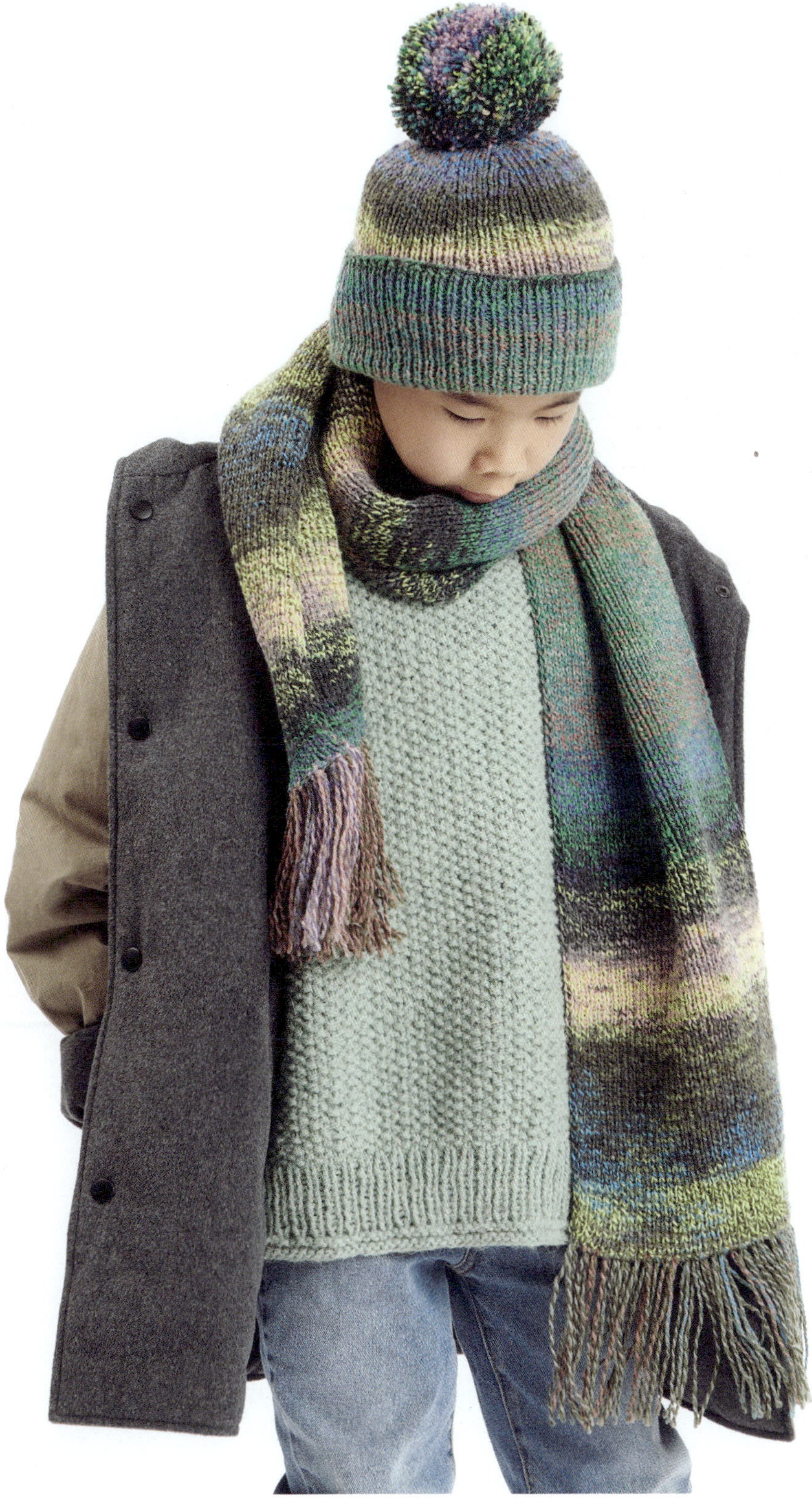

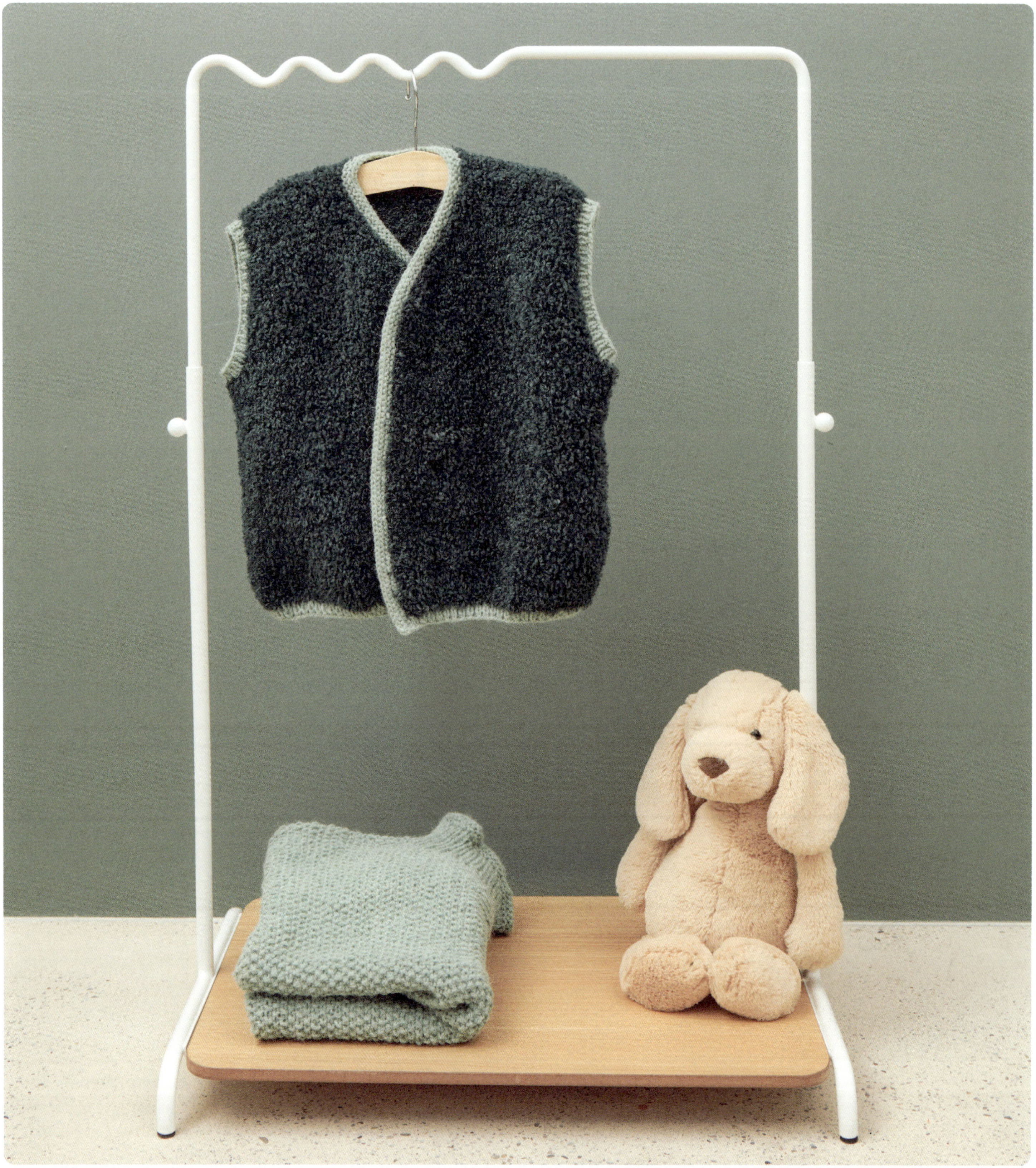

1 KNÄUEL
=
1 MÜTZE

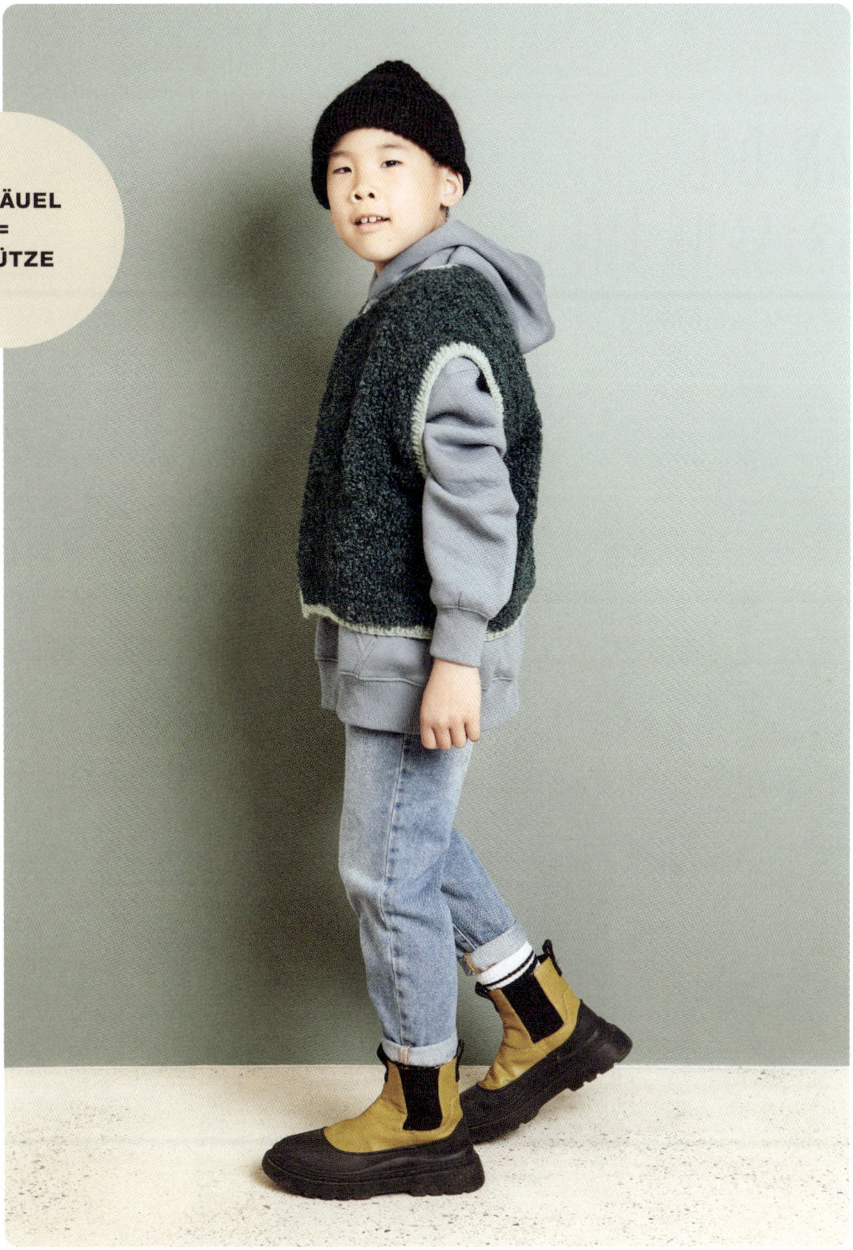

ALL GOOD IN THE HOOD

Die glatt rechts gestrickte Weste von Seite 2, hier in Grün, sieht über den Hoodie gestylt richtig lässig aus. Anfängerfreundliches Accessoire: Die Ripenmuster-Mütze stricken Sie aus einem Knäuel Soft Alpaca.

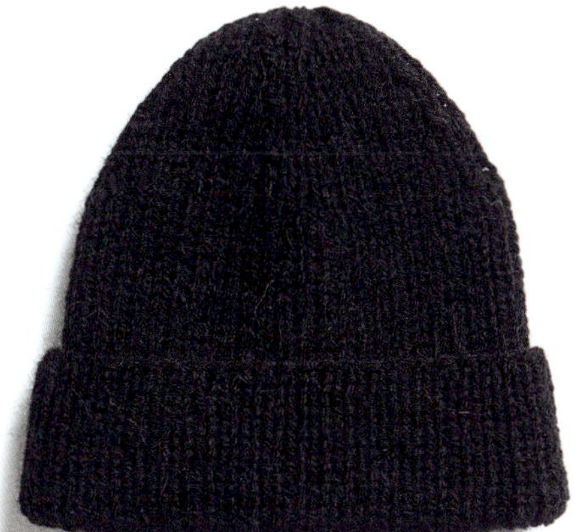

Modell 01 | Weste | Creative Teddy – 300 g | Soft Alpaca – 50 g || **Modell 11** | Mütze | Soft Alpaca – 50 g

AN DIE FRISCHE LUFT

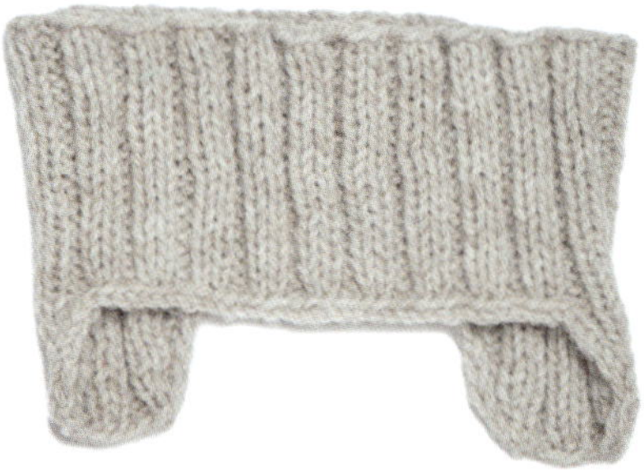

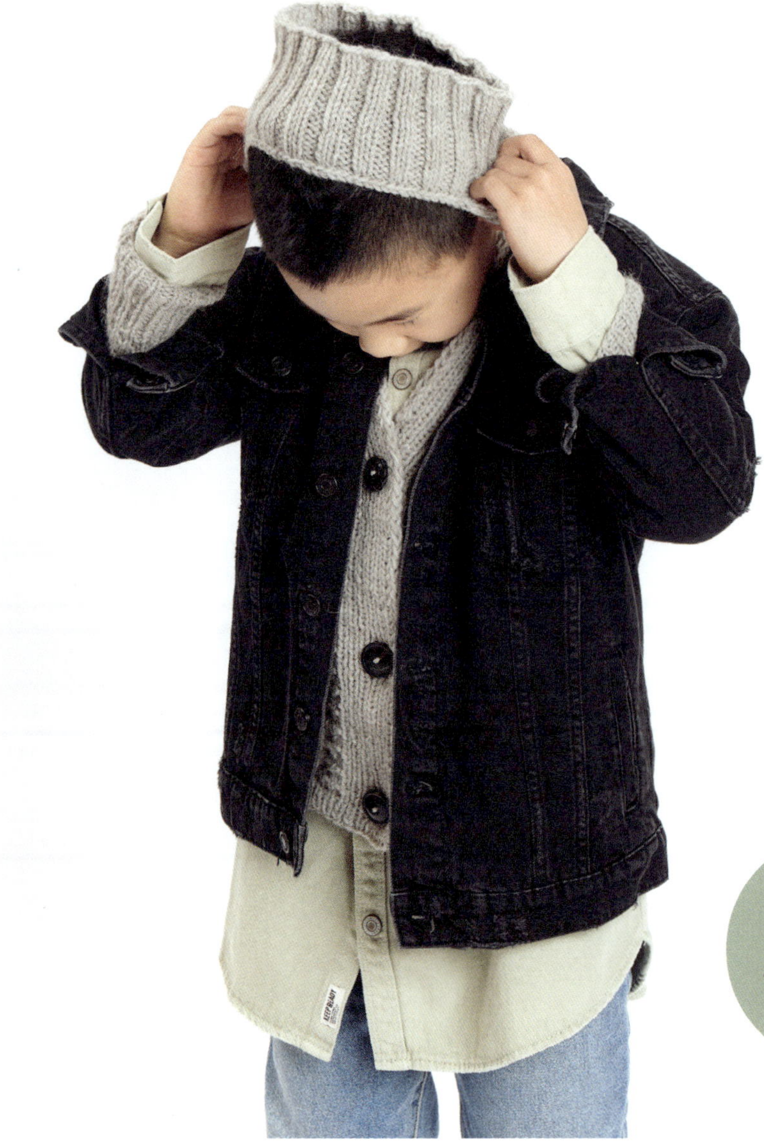

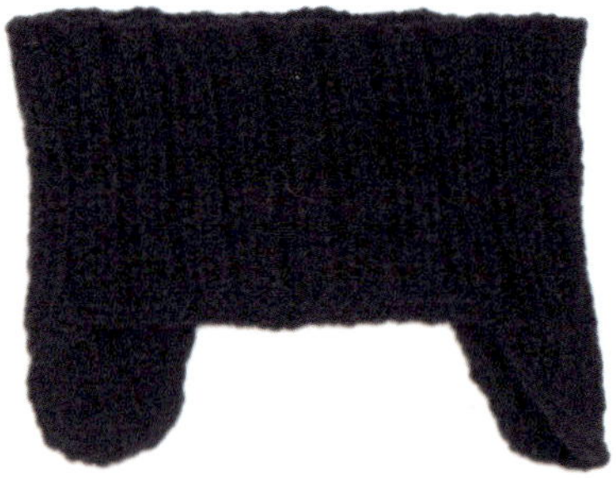

Da kann nichts so schnell verrutschen: Mit den wärmenden Ohrenklappen sind die Kids ready für jedes Outdoor-Abenteuer. Das Stirnband, das Sie bereits von Seite 2 in Schwarz kennen, stricken Sie in 2-2-Rippen.

1 KNÄUEL = 1 STIRNBAND

Modell 02 | Stirnband | Soft Alpaca – 50 g

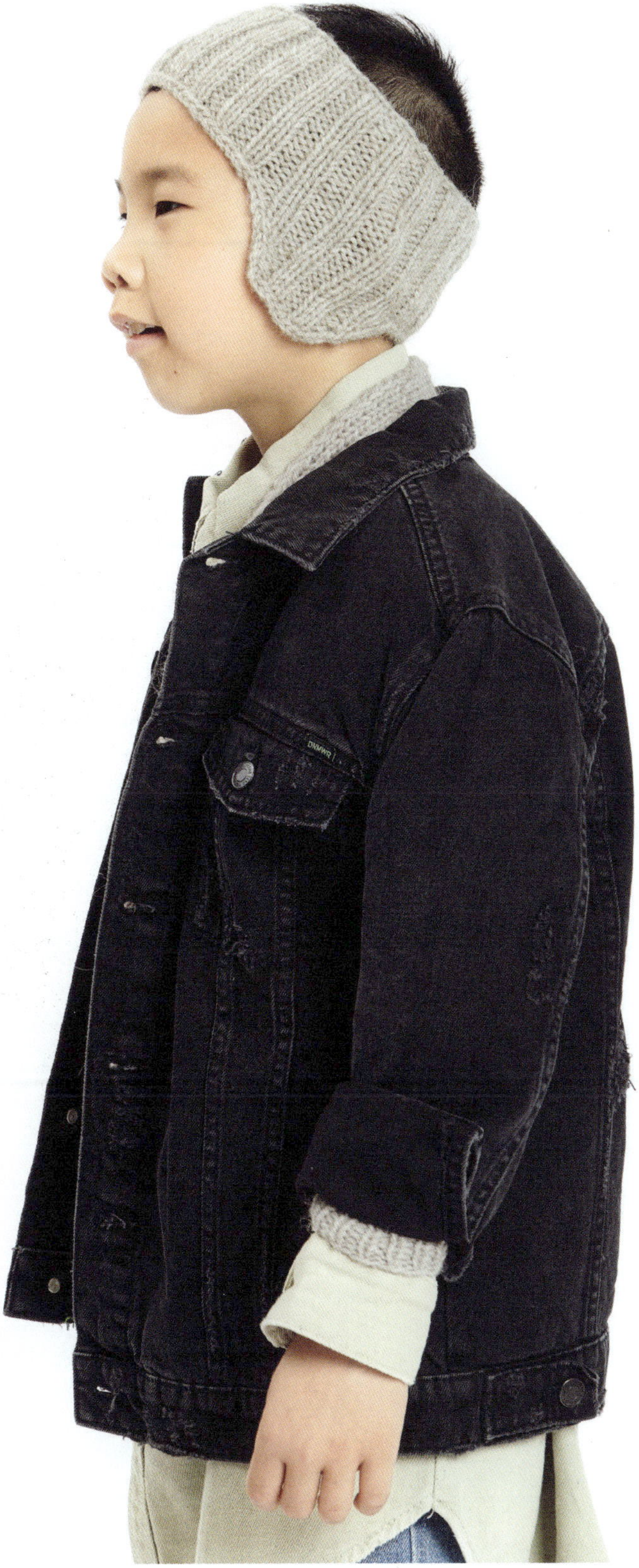

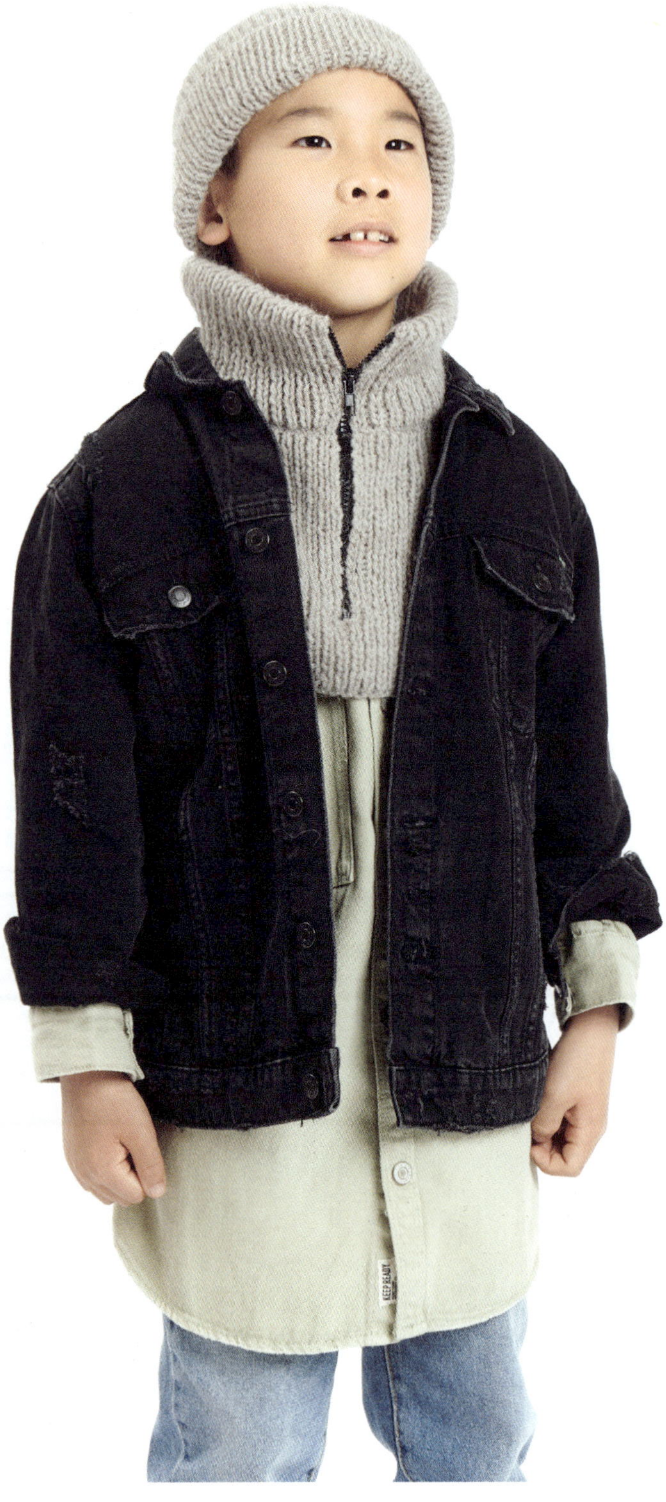

1 KNÄUEL
=
1 MÜTZE

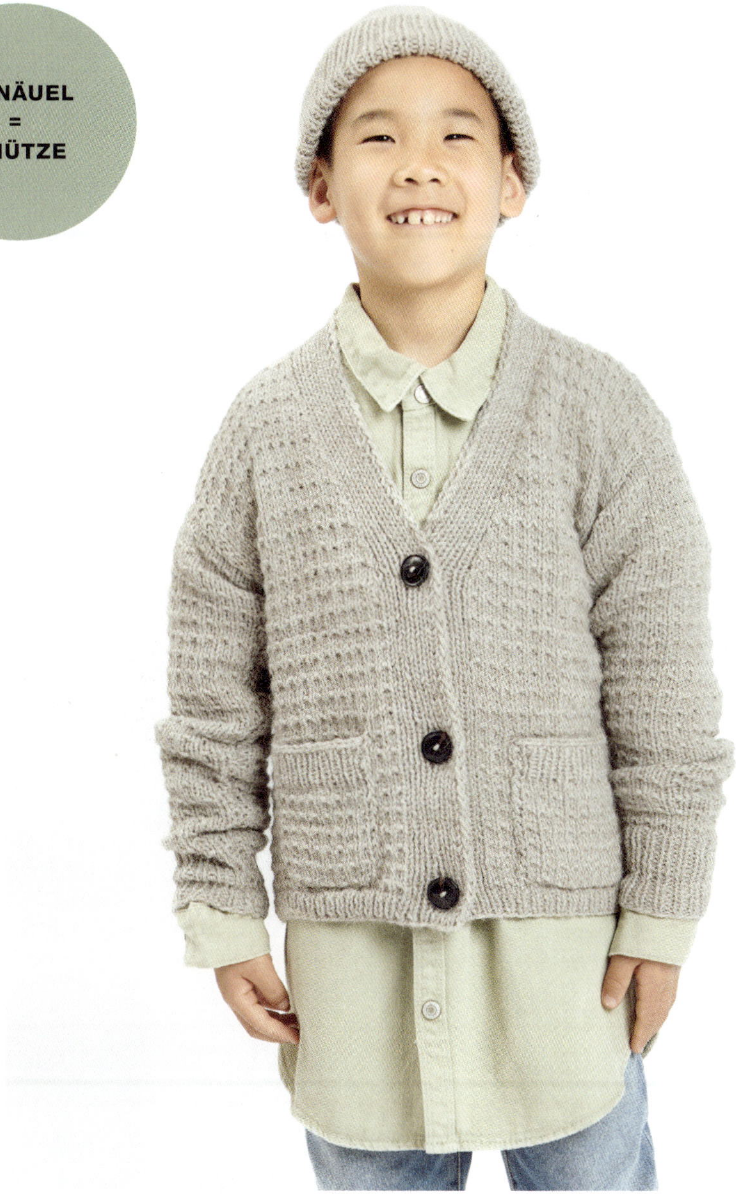

COOLER STRICK

Den zeitlosen Cardi stricken Sie im Strukturmuster, die Taschen werden anschließend aufgesetzt. Der Kragen ist eine coole Alternative zum Schal. Praktisches Detail: Der Reißverschluss kann je nach Temperatur geöffnet oder geschlossen werden. Großartig zu kombinieren mit der Mütze von Seite 17, hier in Beige.

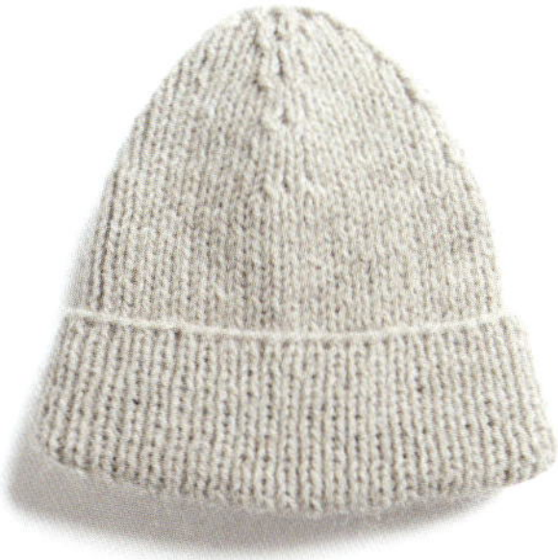

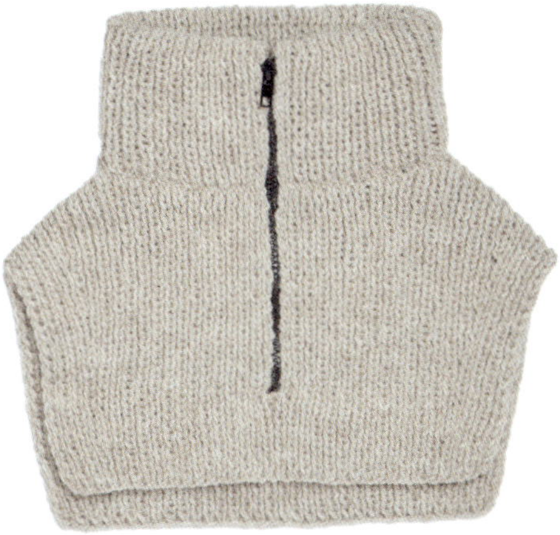

Modell 12 | Kragen | Soft Alpaca – 100 g || **Modell 13** | Cardigan | Soft Alpaca – 200 g || **Modell 11** | Mütze | Soft Alpaca – 50 g

BÄRENSTARK

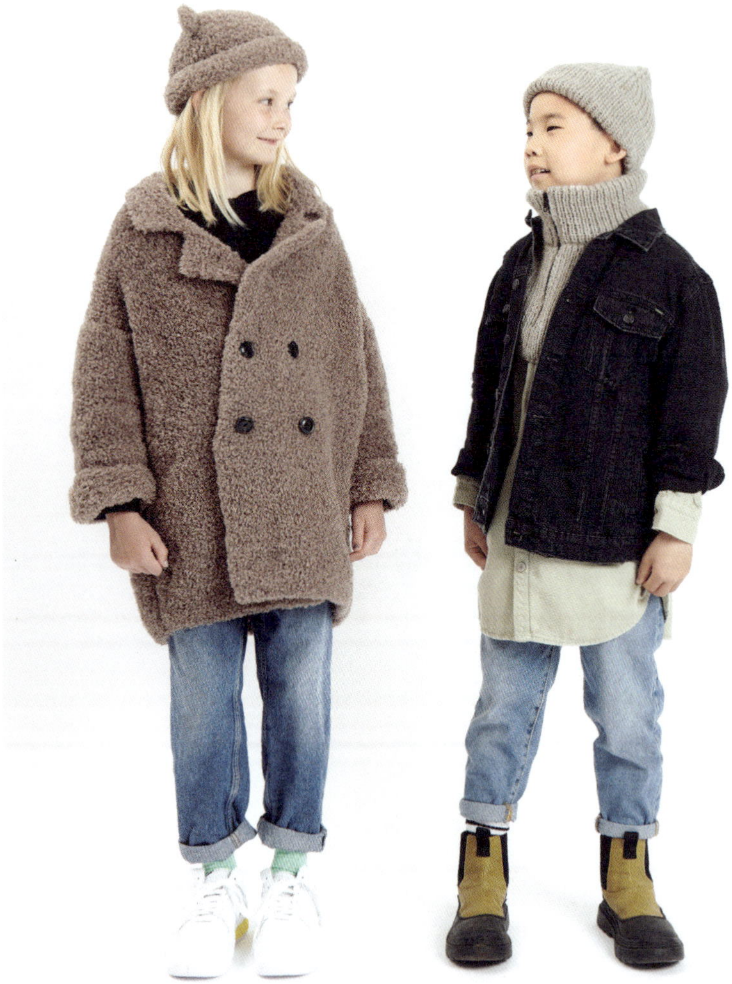

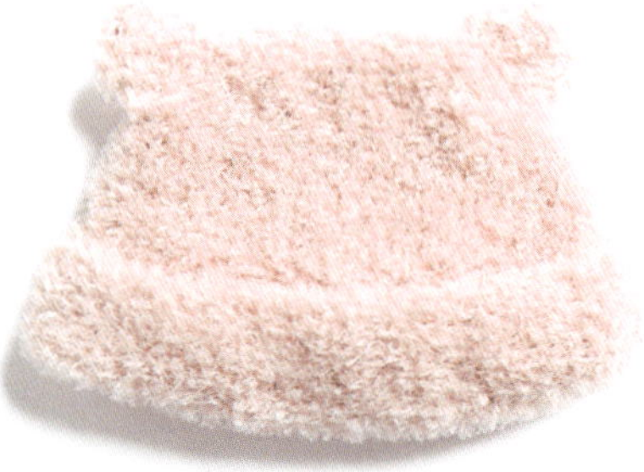

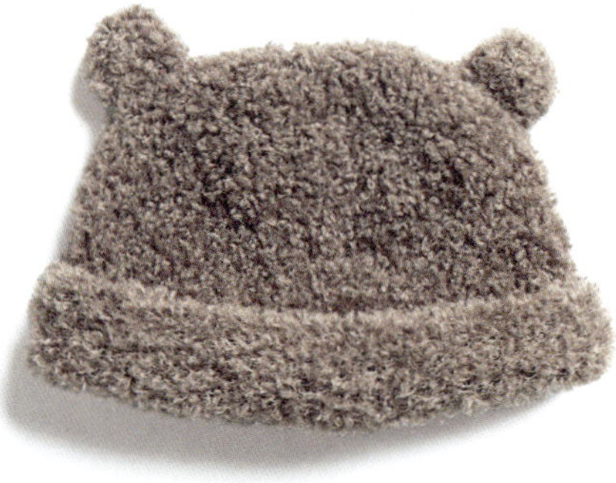

Der Oversize-Mantel mit Reverskragen und zweireihiger Knopfleiste ist super stylish. Zusammen mit der Mütze von Seite 5 eine mega Kombination, die Ihre Kleinen lieben werden.

Modell 14 | Mantel | Creative Teddy – 400 g || **Modell 04** | Mütze | Creative Teddy – 100 g

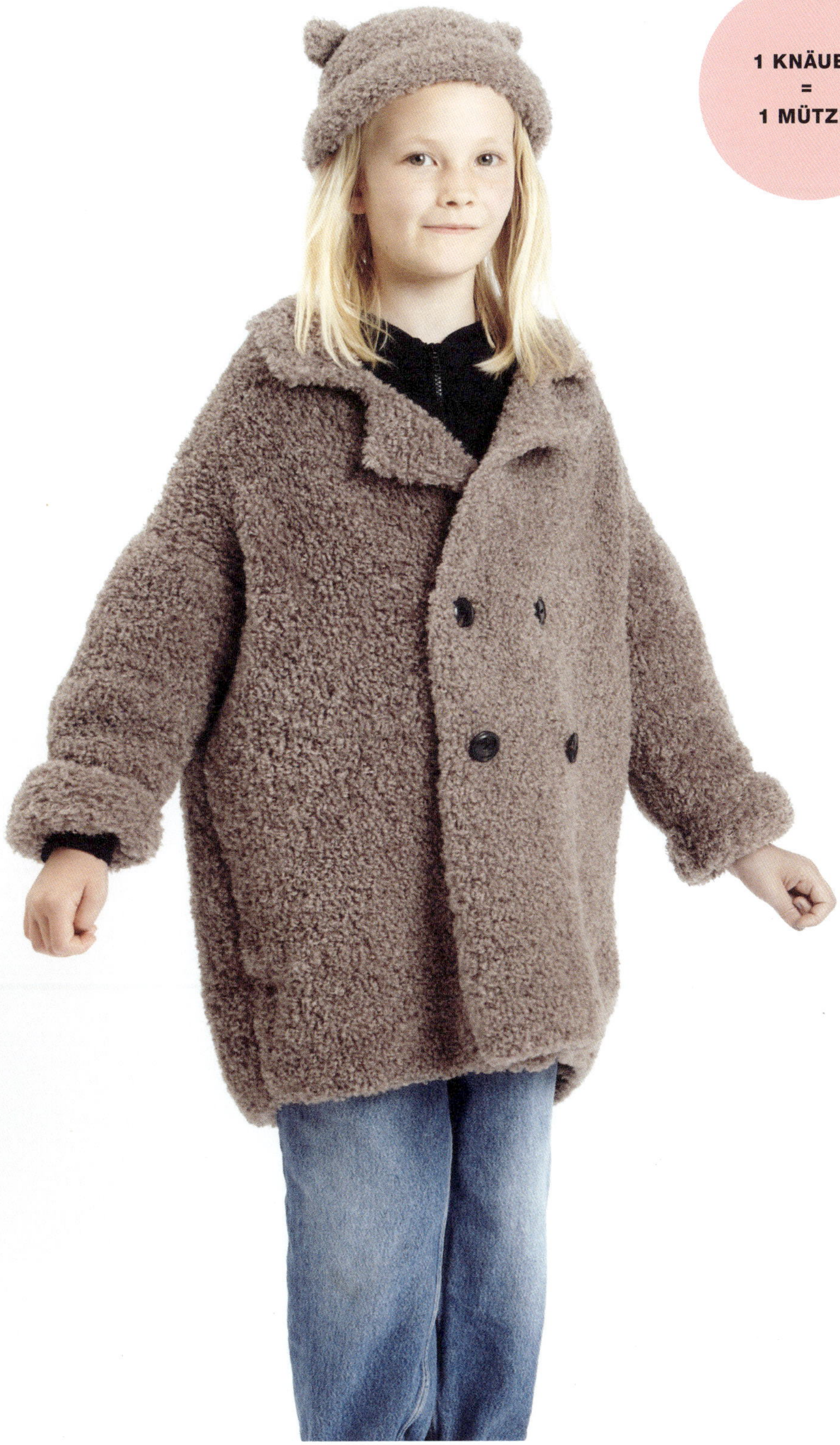

1 KNÄUEL
=
1 MÜTZE

ON TOP OF THE WORLD

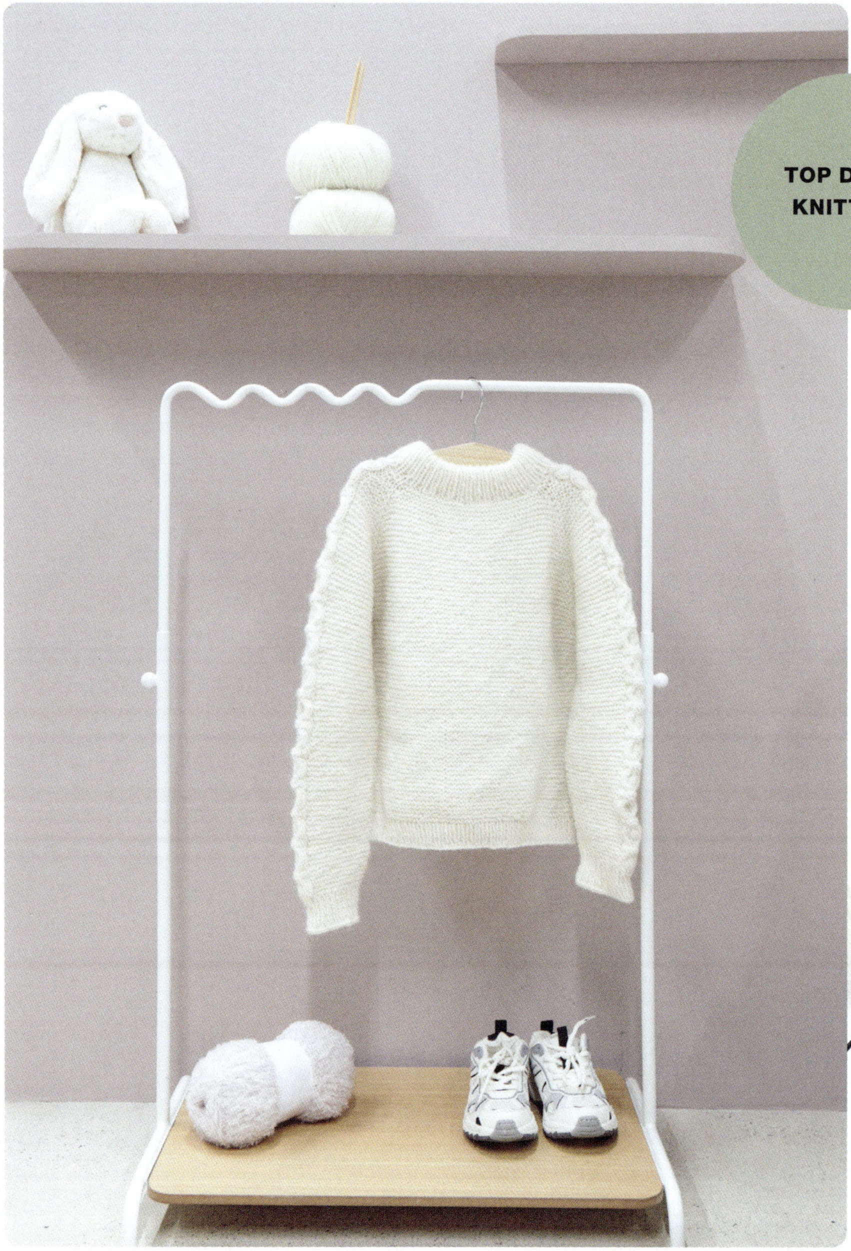

TOP DOWN KNITTING

Der Top Down Knitting-Pullover mit Zopfmuster an den Ärmeln ist richtig angesagt. Die doppelt gelegte Halsblende erzeugt einen konfektionierten Look, der sich optimal mit einem Hemd kombinieren lässt. Für Mädels und Jungs klasse.

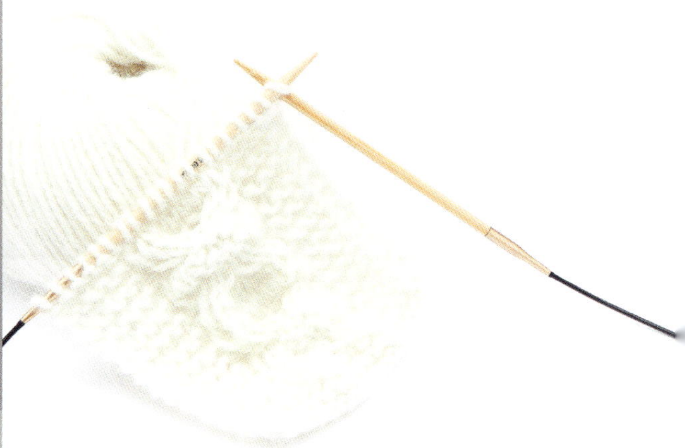

Modell 15 | Pullover | Soft Alpaca – 400 g

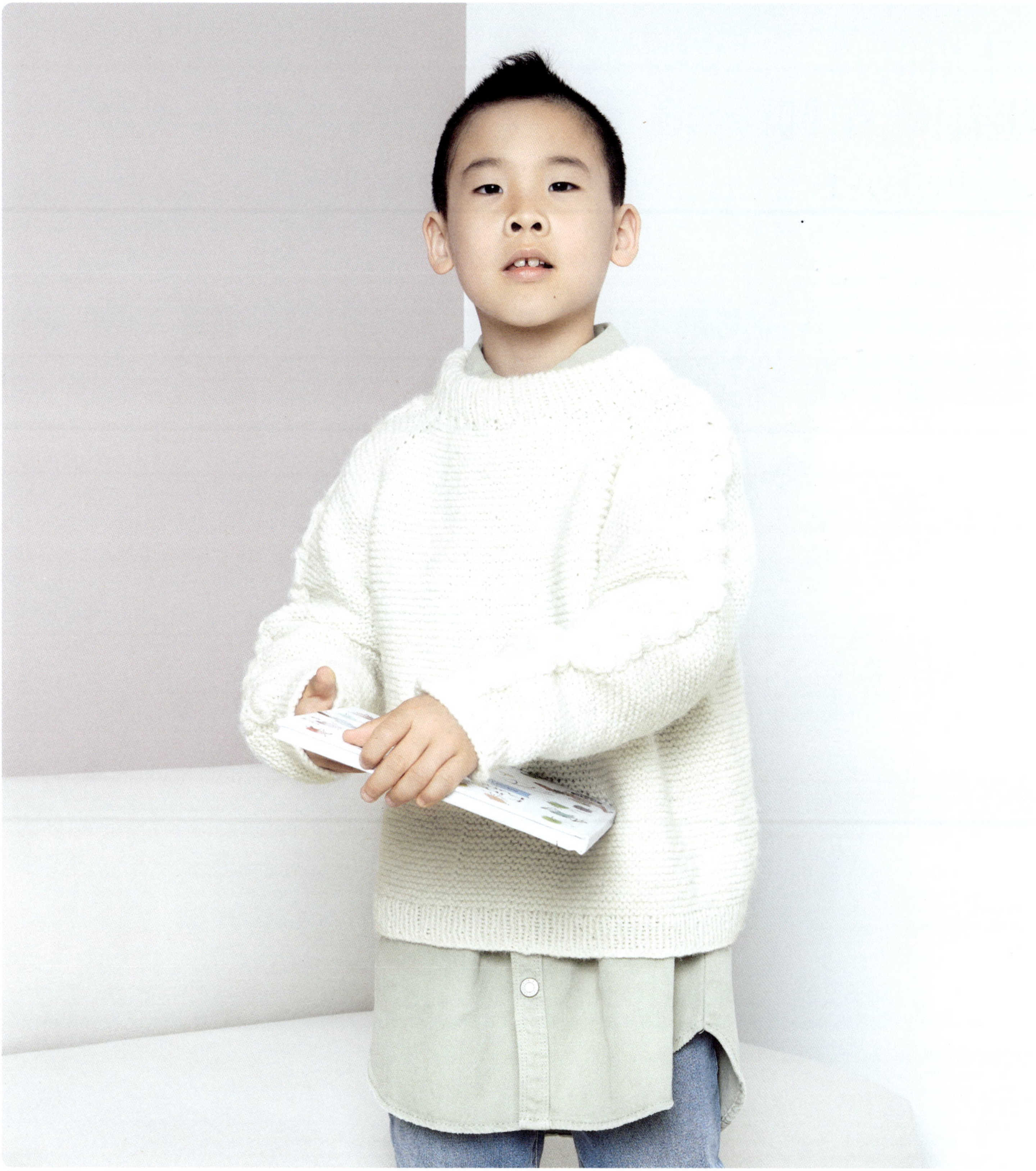

DER NEUE LIEBLINGSTEDDY

1 KNÄUEL
=
1 MÜTZE

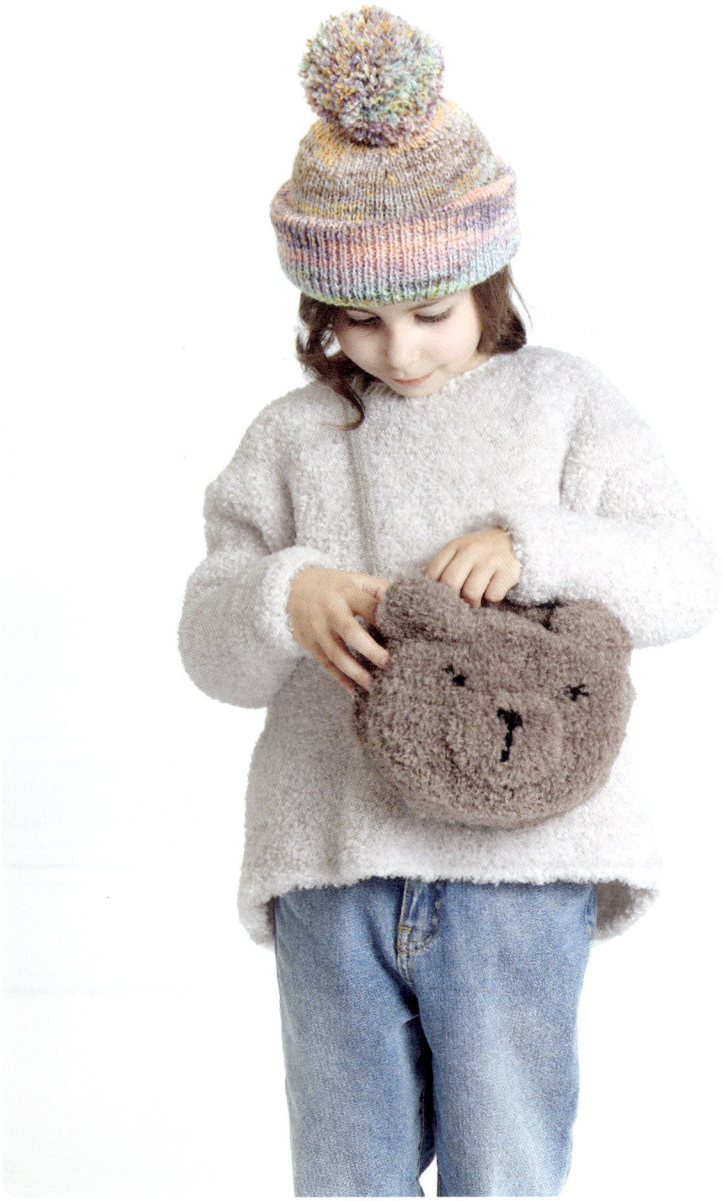

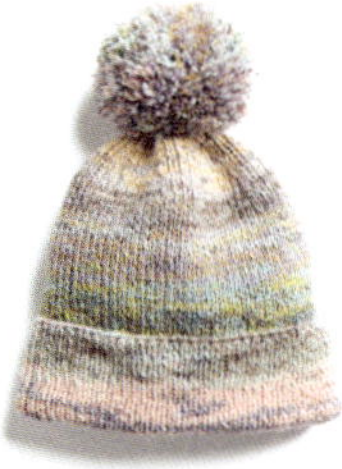

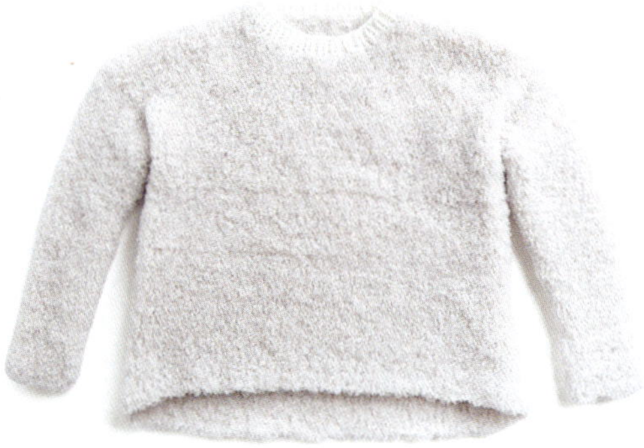

Ein Teddybär aus Teddy-Garn, na logo! Mit dieser niedlichen Bärchentasche bringen Sie die Augen Ihrer Kleinen garantiert zum Strahlen. Den gemütlichen Pulli stricken Sie glatt rechts, ebenfalls aus Creative Teddy mit Soft Alpaca an der Halsblende. Die Mütze kennen Sie bereits von Seite 8.

Modell 16 | Pullover | Creative Teddy – 300 g | Soft Alpaca – 50 g || **Modell 07** | Mütze | Creative Chic Unique dk – 200 g
Modell 18 | Bärchentasche | Creative Teddy – 100 g | Soft Alpaca – 50 g

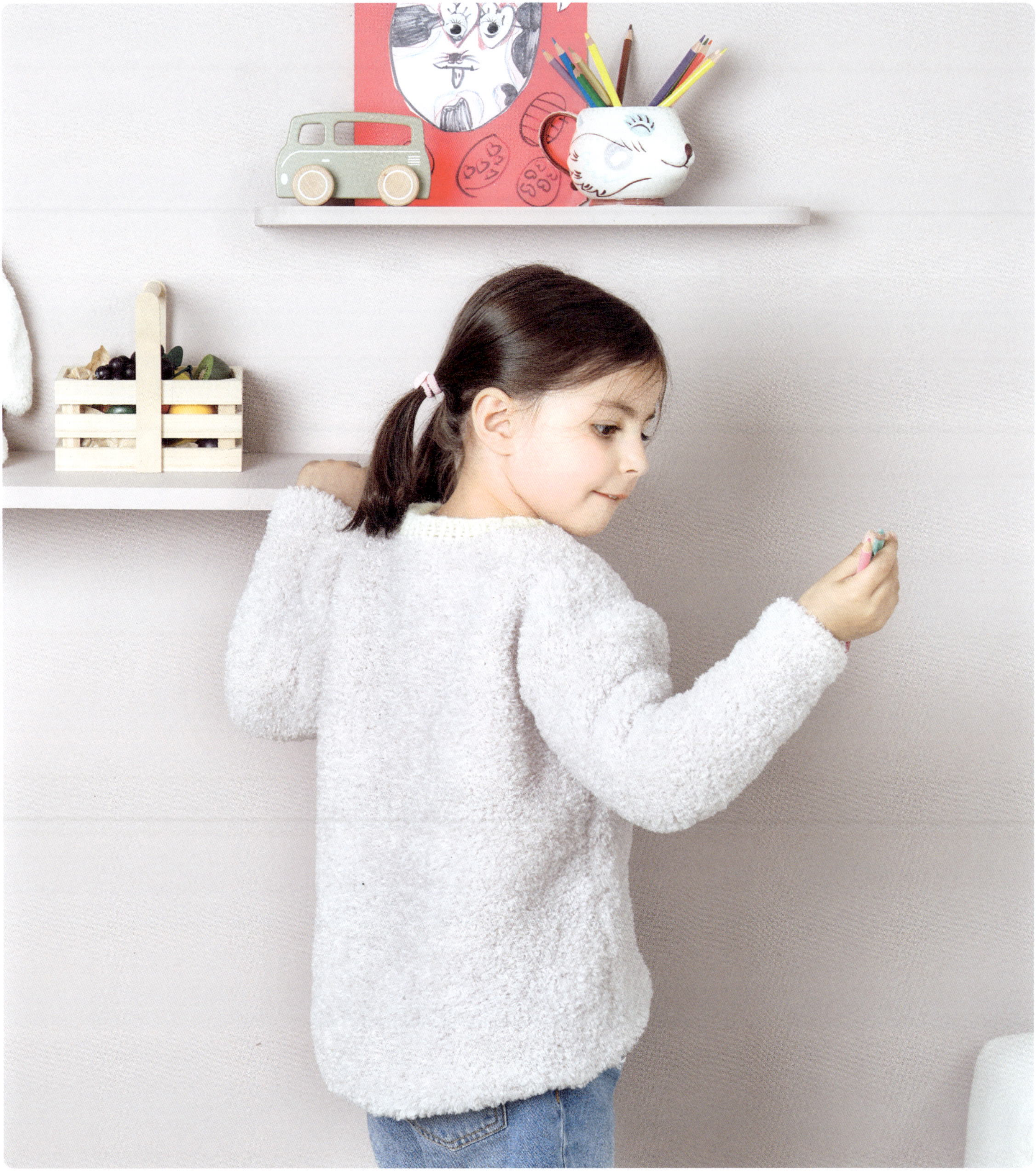

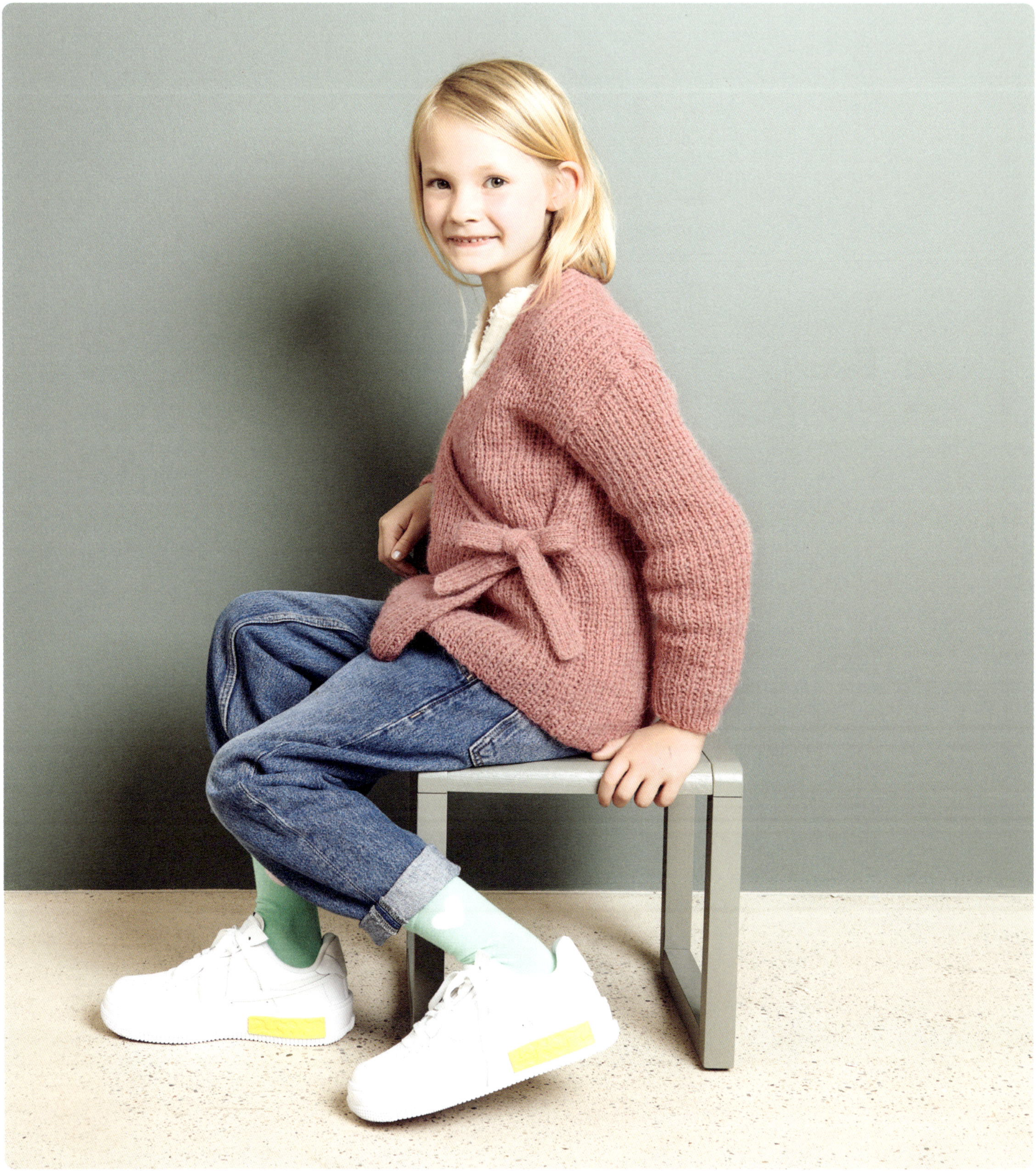

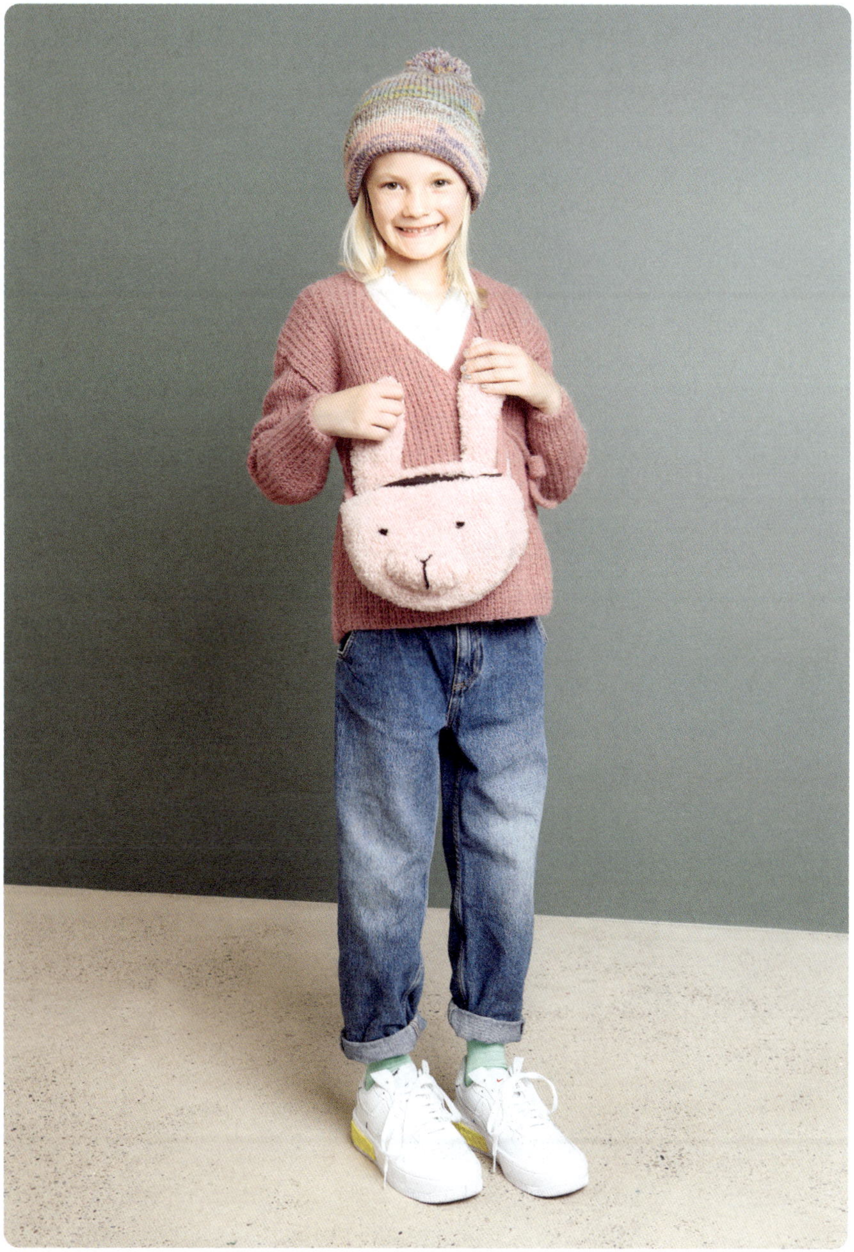

LÖFFEL LANGZIEHEN

… ist bei dieser Tasche ausdrücklich erwünscht! Das neue Lieblingsaccessoire von Seite 26 gibt es auch als Häschen, hier in Rosa. Die Wickeljacke sieht mit der Schleife zum Verschließen edel aus, kann aber auch lässig zur Jeans gestylt werden.

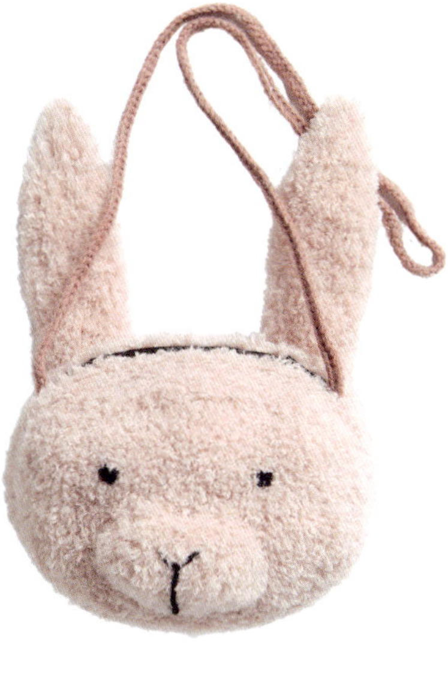

Modell 19 | Wickeljacke | Soft Alpaca – 350 g || **Modell 17** | Häschentasche | Creative Teddy – 100 g | Soft Alpaca – 50 g

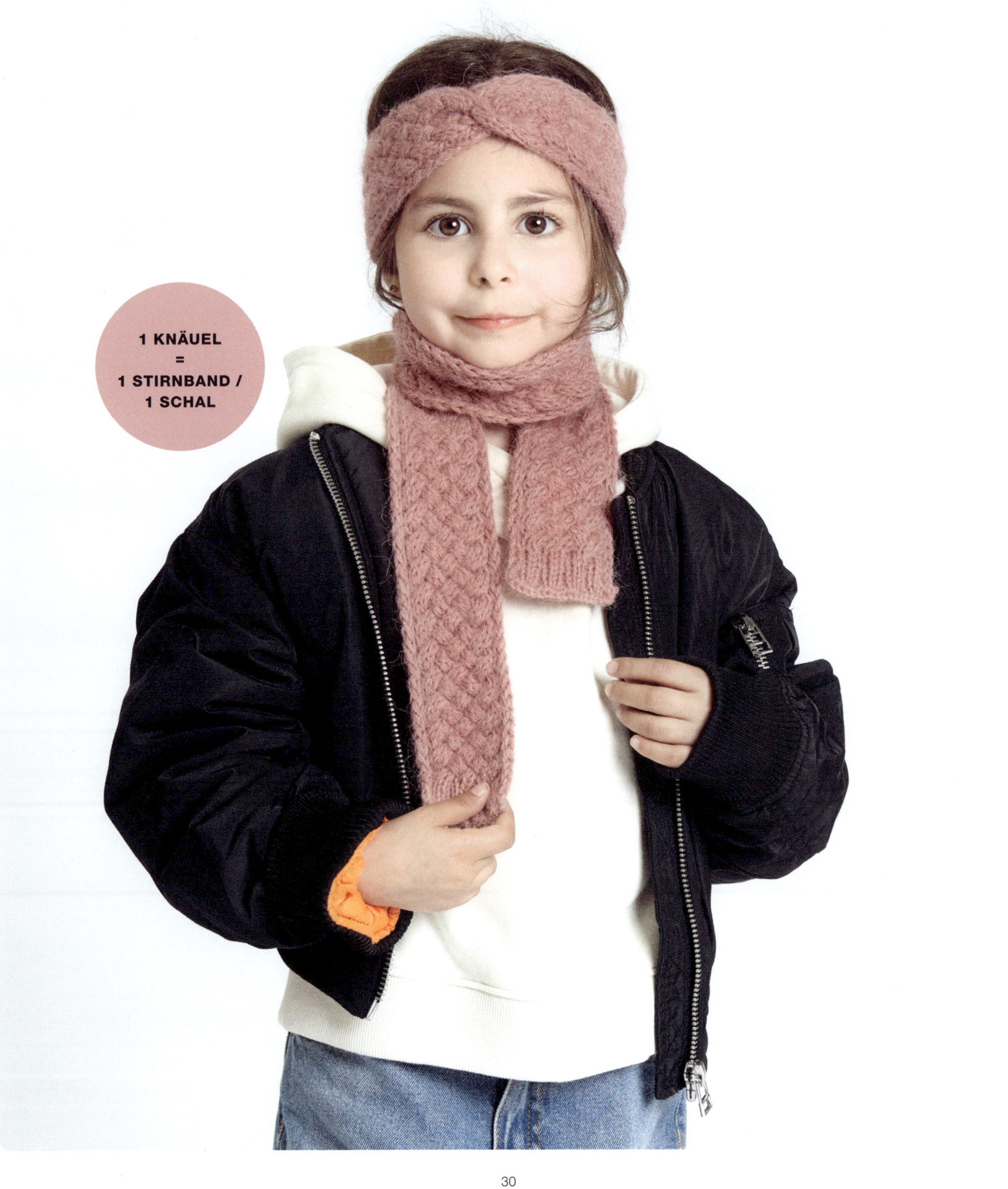
1 KNÄUEL
=
1 STIRNBAND /
1 SCHAL

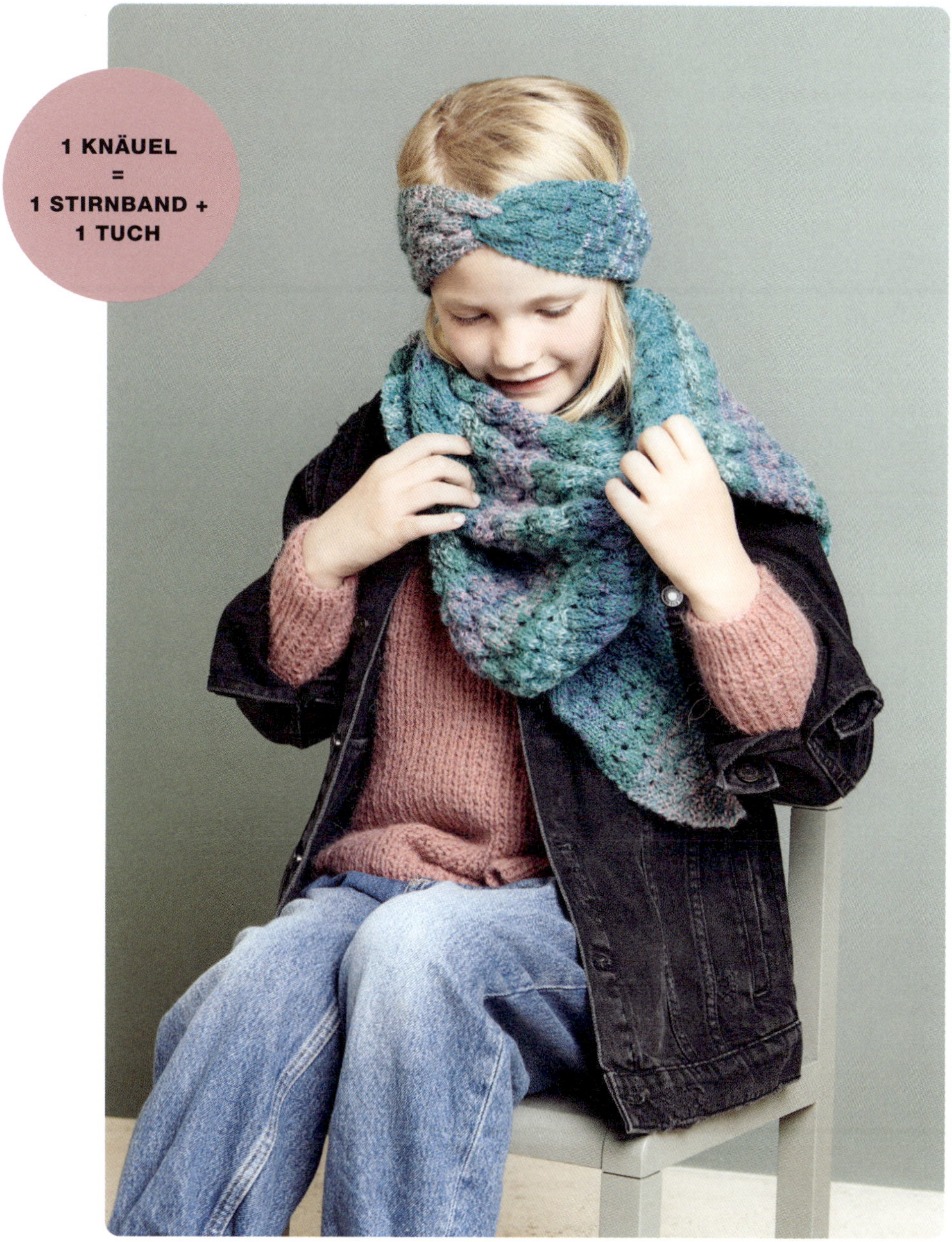

READY, SET, GO!

Links Zopfmuster, rechts Lochmuster: An diesen mega Accessoires können Sie verschiedene Stricktechniken ausprobieren. Das Ergebnis sind zwei großartige Sets, die Sie passend zum liebsten Winteroutfit Ihrer Kleinen kombinieren können.

Modell 22 + 23 | Dreieckstuch + Stirnband | Creative Chic Unique dk – 200 g
Modell 21 | Mini Tuch | Soft Alpaca – 50 g || **Modell 20** | Stirnband | Soft Alpaca – 50 g

INFORMATIONEN

Korrekturhinweise
Falls wir im Nachhinein Fehler in unseren Anleitungen entdecken, finden Sie die Korrekturhinweise hier:
www.rico-design.com/korrekturhinweise

Maschenprobe
Ganz wichtig: Bevor Sie anfangen Ihr Modell zu stricken, machen Sie sich immer eine Maschenprobe! Arbeiten Sie ein Probestück im angegebenen Muster von mindestens 10 cm × 10 cm Größe. Nehmen Sie das Probestück von den Nadeln und zählen Sie Maschen und Reihen auf 10 cm × 10 cm aus.

Vergleichen Sie Ihre Zahlen mit denen, die unter »Maschenprobe« in der Anleitung angegeben sind. Hat Ihr Probestück weniger Maschen und Reihen, müssen Sie fester stricken oder dünnere Nadeln nehmen. Hat Ihr Probestück mehr Maschen und Reihen, müssen Sie lockerer stricken oder dickere Nadeln nehmen.

Abkürzungen

abh.	=	abheben
abk.	=	abketten
Abn./abn.	=	Abnahme(n) / abnehmen
abstr.	=	abstricken
arb.	=	arbeiten
fe	=	feste
fortl.	=	fortlaufend
herausstr.	=	herausstricken
Hinr.	=	Hinreihe
hStb	=	halbe(s) Stäbchen
KM	=	Kettmasche
li	=	linke, links
LM	=	Luftmasche
M	=	Masche
R	=	Reihe
Rd	=	Runde
re	=	rechte, rechts
restl.	=	restliche(n)
RM	=	Randmasche
Rückr.	=	Rückreihe
Stb	=	Stäbchen
str.	=	stricken
U	=	Umschlag
überz.	=	überzogen
verschr.	=	verschränkt
Vorr.	=	Vorreihe
Vorrd.	=	Vorrunde
wdh.	=	wiederholen
Zun. /zun.	=	Zunahme(n) / zunehmen
zus.	=	zusammen
zusstr.	=	zusammenstricken

Schwierigkeitsgrad

*	=	leicht
* *	=	mittel
* * *	=	schwierig
easy!	=	für Anfänger geeignet

Größen	**98/104**	**110/116**	**122/128**	**134/140**	**146/152**
Körperhöhe (cm)	98–104	110–116	122–128	134–140	146–152
Brustumfang (cm)	55–57	57–59	61–65	67–71	73–77
Taillenumfang (cm)	52–54	54–56	57–59	60–62	63–65
Hüftumfang (cm)	57–60	61–64	66–70	72–76	79–83

Größe
Die meisten unserer Modelle sind in mehreren Größen beschrieben. Dabei stehen die abweichenden Maßangaben der zweiten oder dritten Größe in Klammern. Bitte vergleichen Sie die Körpermaße mit den Maßen in unserer Tabelle.

1. Auflage

Rico Design GmbH & Co. KG
Industriestraße 19–23 / 33034 Brakel / Germany / EU
info@rico-design.de
www.rico-design.com

01 WESTE *

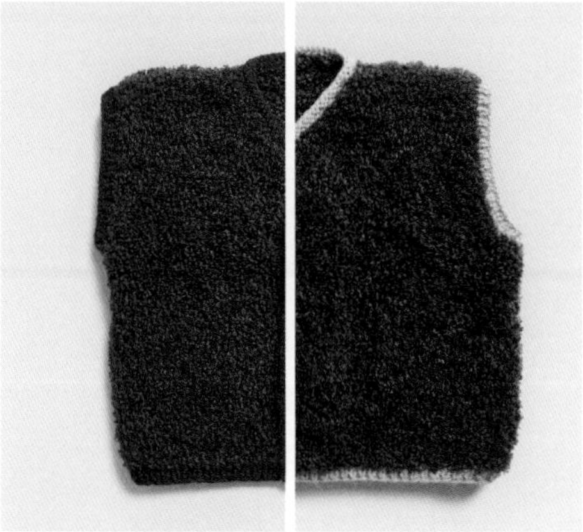

Größen
110/116 (122/128 – 134/140 – 146/152)

Material
Rico Creative Teddy
Farbe 007 (Schwarz) 100 (100 – 100 – 200) g
Rico Soft Alpaca
Farbe 014 (Schwarz) 50 (50 – 50 – 100) g
Alternative:
Rico Creative Teddy
Farbe 004 (Petrol) 100 (100 – 100 – 200) g
Rico Soft Alpaca
Farbe 003 (Aqua) 50 (50 – 50 – 100) g
Rico Rundstricknadel 4 und 5 mm, 80 cm lang
4 Rico Druckknöpfe, 14 mm Durchmesser

Grundmuster
Glatt rechts
Hinr.: Re M str.
Rückr.: Li M str.

Rippenmuster
Hinr.: 1 M re, 1 M li im Wechsel str.
Rückr.: Die M str. wie sie erscheinen.

Kraus rechts
Hinr. und Rückr.: Re M str.

Betonte Abnahmen
Am re Arbeitsrand:
RM 2 M re überz. zusstr. (= 1 M wie zum Re str. abh., 1 M re str., die abgehobene M darüber ziehen.
Am li Arbeitsrand:
Bis 3 M vor R-Ende str., 2 M re zusstr., RM.

Maschenprobe im Grundmuster mit Creative Teddy
20 M und 32 R = 10 x 10 cm

Rückenteil
68 (76 – 88 – 96) M mit 4 mm Nadeln und Soft Alpaca anschlagen und zwischen den RM 3 R im Rippenmuster str. Dann mit 5 mm Nadeln und Creative Teddy im Grundmuster weiter arb. Nach einer Gesamthöhe von 22 (24 – 27 – 30) cm für den Armausschnitt beidseitig 4 (4 – 8 – 8) M abk. = 60 (68 – 72 – 80) M. Nach einer Gesamthöhe von 36 (39 – 44 – 49) cm alle M abk.

Linkes Vorderteil
42 (46 – 54 – 58) M mit 4 mm Nadeln und Soft Alpaca anschlagen und zwischen den RM 3 R im Rippenmuster str. Dann mit 5 mm Nadeln und Creative Teddy im Grundmuster weiter arb.
Am re Arbeitsrand den Armausschnitt wie beim Rückenteil str. = 38 (42 – 46 – 50) M.
Nach einer Gesamthöhe von 25 (28 – 30 – 35) cm am li Arbeitsrand für den V-Ausschnitt in jeder 2. R 18x (18x – 22x – 22x) betonte Abn. arb.
Nach einer Gesamthöhe von 36 (39 – 44 – 49) cm die restl. 20 (24 – 24 – 28) M abk.

Rechtes Vorderteil
Gegengleich zum li Vorderteil str.

Fertigstellung
Alle Teile laut Schnittzeichnung spannen, anfeuchten und trocknen lassen. Dann die Schulternähte schließen. Für die vordere Blende aus den Kanten der Vorderteile sowie dem rückwärtigen Halsausschnitt mit 4 mm Nadeln und Soft Alpaca 180 (185 – 190 – 195) M herausstr. und zwischen den RM 4 R kraus re str. Dann alle M abk. Aus den Armausschnitten jeweils 64 (68 – 72 – 76) M herausstr. und zwischen den RM 4 R kraus re str. Dann alle M abk. und die Seitennähte und unteren Blendenkanten schließen. An den vorderen Kanten die Druckknöpfe fest annähen.

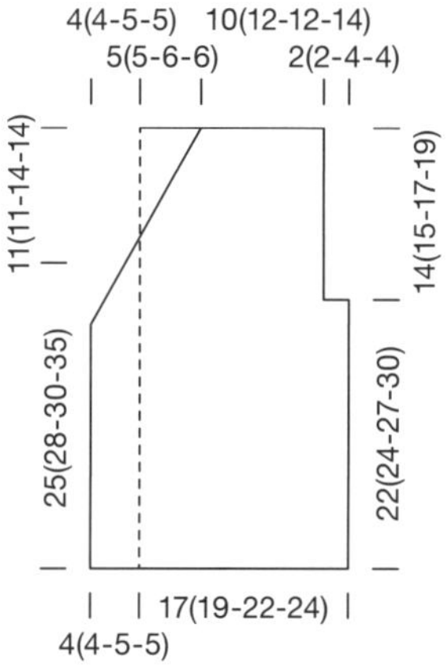

02 STIRNBAND *

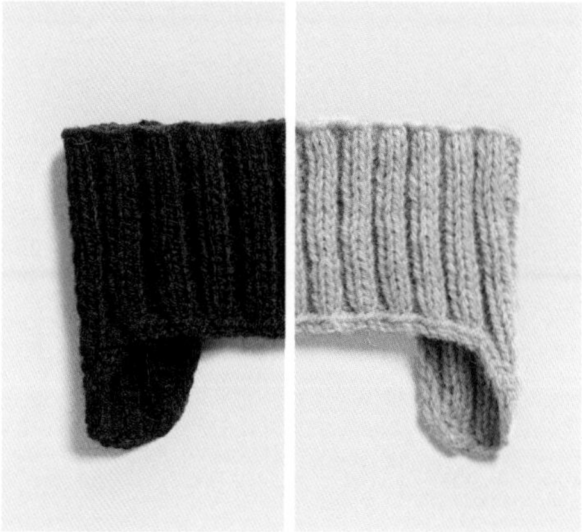

Größen
Kopfumfang: 40 (44 – 48) cm

Material
Rico Soft Alpaca
Farbe 014 (Schwarz) 50 (50 – 50) g
Alternative:
Farbe 009 (Beige) 50 (50 – 50) g
Rico Rundstricknadel 4 mm, 60 cm lang
Rico Häkelnadel 4,5 mm
Rico Hilfsnadel

Grundmuster
Rippenmuster (in R)
Hinr.: 2 M re, 2 M li im Wechsel str.
Rückr.: Die M str. wie sie erscheinen.

Rippenmuster (in Rd)
Fortl. 2 M re, 2 M li im Wechsel str.

V-Randmasche
R-Anfang: Die M re verschr. str.
R-Ende: Die M wie zum Li str. abh.

Häkeltechnik bei Fertigstellung
Kettmaschen (KM)

Maschenprobe im Grundmuster
22 M und 23 R = 10 x 10 cm

Anleitung
Für die Ohrenklappe (2x str.) jeweils 10 M anschlagen und wie folgt str.:
V-RM, 1 M li, 2 M re, 2 M li, 2 M re, 1 M li, V-RM.
In jeder 2. R beidseitig 4x1 (4x1 – 5x1) M zun. und im Grundmuster ergänzen = 18 (18 – 20) M.

Nach einer Gesamthöhe von 5 (5 – 7) cm die M auf der Hilfsnadel stilllegen.
Nach Fertigstellung der 2. Ohrenklappe den Faden nicht abschneiden, sondern damit weiter arb.
Dann wie folgt weiter arb.:
18 (18 – 20) M von der 2. Ohrenklappe mustergemäß abstr., 28 (34 – 38) M neu dazu anschlagen, dann die 18 (18 – 20) M von der 1. Ohrenklappe dazu abstr. und 16 (18 – 20) M neu dazu anschlagen
= 80 (88 – 100) M.
Die M zur Rd schließen und die zugen. M in das Grundmuster einfügen. Über alle M im Grundmuster str.
Nach einer Gesamthöhe ab Rd-Beginn von 7 (8 – 10) cm alle M abk.

Fertigstellung
Den unteren Rand einschl. der Ohrenklappen mit 1 Rd Kett-M umhäkeln. Das Stirnband anfeuchten in Form ziehen und trocknen lassen.

03 LOOP

easy!

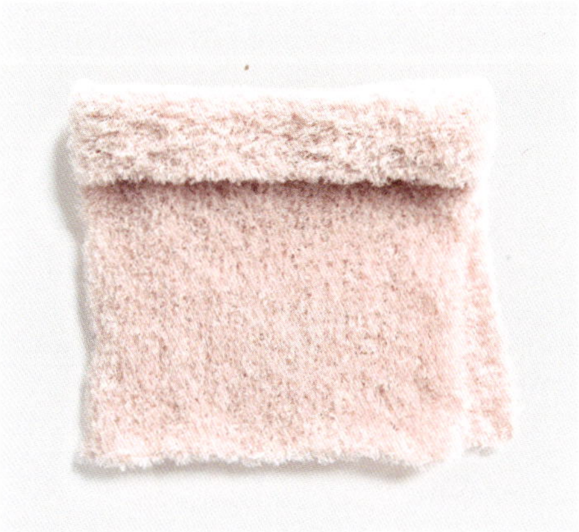

Größen
98/104 (110/116 – 122 bis 134 – 140 bis 152)

Material
Rico Creative Teddy
Farbe 002 (Rosa) 100 (100 – 100 – 100) g
Rico Rundstricknadel 4,5 mm, 60 cm lang

Grundmuster
Glatt rechts (in Rd)
Fortl. re M str.
Glatt rechts (in R)
Hinr.: Re M str.
Rückr.: Li M str.

Maschenprobe im Grundmuster
20 M und 32 R = 10 x 10 cm

Anleitung
72 (80 – 88 – 96) M anschlagen, zur Rd schließen und 9 (11 – 13 – 15) cm im Grundmuster str.
Dann die Arbeit in 2 gleiche Teile teilen und jeweils weitere 9 (11 – 13 – 15) cm im Grundmuster in R str.
Dann alle M abk.

Fertigstellung
Den Loop in Form ziehen spannen, anfeuchten und trocknen lassen.

04 MÜTZE *

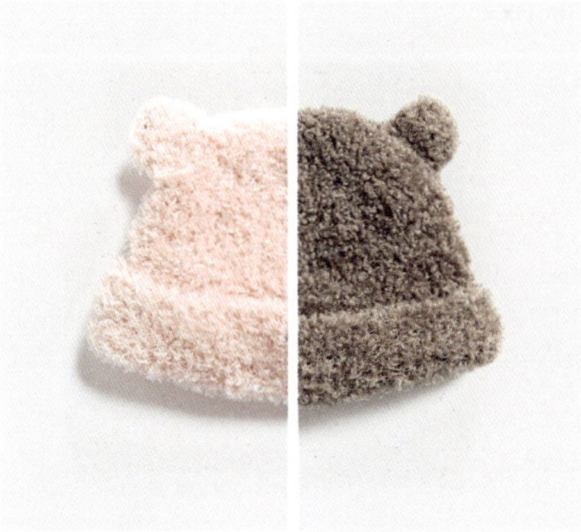

Größen
Kopfumfang: 40 bis 44 (46 bis 52) cm

Material
Rico Creative Teddy
Farbe 002 (Rosa) 100 (100) g
Alternative:
Farbe 006 (Braun) 100 (100) g
Rico Nadelspiel 4 mm
Rico Maschenmarkierer

Grundmuster
Glatt rechts (in Rd)
Fortl. re M str.
Glatt rechts (in R)
Hinr.: Re M str.
Rückr.: Li M str.

Maschenprobe im Grundmuster
20 M und 32 R = 10 x 10 cm

Anleitung
80 (90) M anschlagen, gleichmäßig auf das Nadelspiel verteilen und zur Rd schließen.
Weiter im Grundmuster arb.
Nach einer Gesamthöhe von 14 (16) cm nach jeder 16. (18.) M einen Maschenmarkierer setzen (= 5 Maschenmarkierer) und die Abn. wie folgt arb.:
Nach jedem Maschenmarkierer 2 M re zusstr.
= 75 (85) M.
Weiter in jeder 4. R 6x, dann in jeder 3. R 2x, und in jeder 2. R 2x (3x) die Abn. arb. = 25 (35) M.
Dann 2x in jeder R fortl. 2 M re zusstr. = 7 (9) M.
Den Faden abschneiden, durch die restl. M fädeln und fest zus. ziehen und vernähen.

Ohr (4x str.)

10 (12) M anschlagen und 4 (6) R im Grundmuster str.
Jetzt nach der 5. (6.) M einen Maschenmarkierer setzen und 3x (4x) in jeder folgenden Hinr. die beiden M vor und nach dem Maschenmarkierer re zusstr.
Die restl. 4 M abk.

Fertigstellung

Für jedes Ohr 2 Teile zusammennähen und wie abgebildet fest an die Mütze nähen.
Die Mütze anfeuchten, in Form ziehen und trocknen lassen. Den unteren Rand über 6 cm nach außen umschlagen.

05 PULLUNDER *

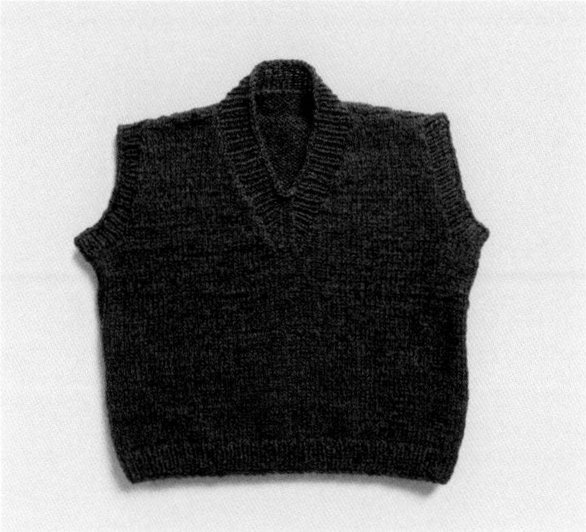

Größen

110/116 (122/128 – 134/140 – 146/152)

Material

Rico Soft Alpaca
Farbe 012 (Marine) 150 (200 (200 – 250) g
Rico Rundstricknadel 3,5 und 4mm,
40 und 80 cm lang

Grundmuster
Glatt rechts

Hinr.: Re M str.
Rückr.: Li M str.

Rippenmuster (in R)

Hinr.: 1 M re, 1 M li im Wechsel str.
Rückr.: Die M str. wie sie erscheinen.

Rippenmuster (in Rd)

Fortl. 1 M re, 1 M li im Wechsel str.

Maschenprobe im Grundmuster

20 M und 24 R = 10 x 10 cm

Rückenteil

84 (92 – 100 – 108) M mit 4 mm Nadeln anschlagen und zwischen den RM 3 cm im Rippenmuster str.
Dann im Grundmuster weiter arb.
Nach einer Gesamthöhe von 24 (26 – 28 – 30) cm für den Armausschnitt beidseitig 8 M abk.
Dann beidseitig in jeder 6. (4. – 4. – 4.) R
6x1 (7x1 – 7x1 – 7x1) M abk. = 56 (60 – 68 – 76) M.
Nach einer Gesamthöhe von 39 (42 – 45 – 48) cm für die Schulterschrägung in jeder 2. R
2x7 (2x8 – 2x9 – 2x10) M abk.
Dann die restl. 28 (30 – 34 – 38) M abk.

Vorderteil

Wie das Rückenteil str. , jedoch nach einer Gesamthöhe von 20 (23 – 26 – 28) cm für den V-Ausschnitt die Arbeit in der Mitte teilen und beide Seiten getrennt beenden.
Für die Ausschnittschrägung an den inneren Ausschnittkanten abwechselnd in jeder 2. und 4. R
14x1 (15x1 – 17x1 – 19x1) M abk.
Den Armausschnitt und die Schulterschrägung wie beim Rückenteil str.
Nach einer Gesamthöhe von 41 (44 – 47 – 50) cm sind alle M aufgebraucht.
Die andere Seite gegengleich beenden.

Fertigstellung

Beide Teile laut Schnittzeichnung spannen, anfeuchten und trocknen lassen.
Dann die Schulter- und Seitennähte schließen.
Aus dem V-Ausschnitt mit 3,5 mm Nadel
87 (87 – 87 – 93) M auffassen, dabei an der Spitze eine M herausstr. (= Mittelmasche) und 4 cm im Rippenmuster in Rd str.
Dabei an der Spitze in der 2.Rd und jeder folgenden Rd die beiden M vor der Mittelmasche re verschr. und die beiden M nach der Mittelmasche re zusstr.
Die Mittelmasche re str.
Für die Ärmelbündchen aus den Armausschnitten jeweils 72 (76 – 80 – 84) M herausstr. und 3 cm im Rippenmuster in Rd str. Dann alle M abk.

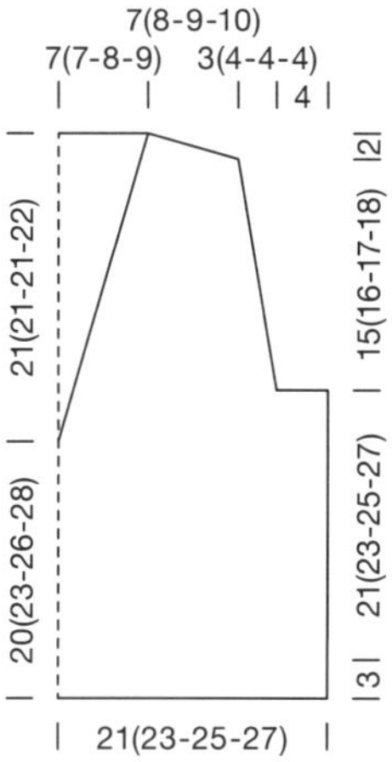

06 PULLUNDER **

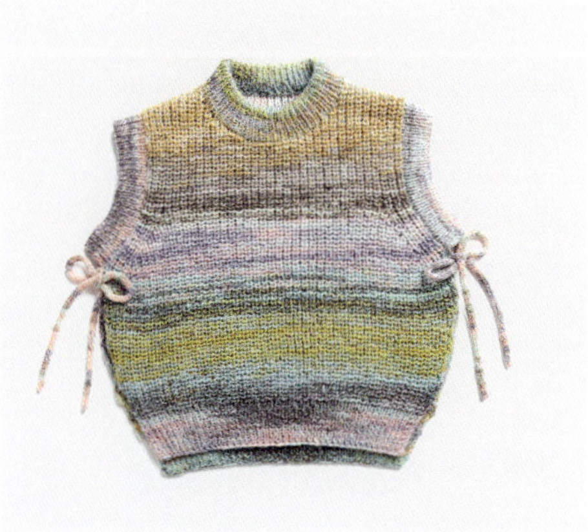

Größen
122/128 (134/140 – 146/152)

Material
Rico Creative Chic Unique dk
Farbe 008 (Wildflower) 200 (200 – 400) g
Rico Rundstricknadel 3,5 mm, 80 cm lang
Rico Strickliesel

Grundmuster
Halbpatent (ungerade M-Zahl)
1. R (Hinr.): V-RM, *1 M re, 1 M mit 1 U wie zum Li str. abh., ab * fortl. wdh., enden mit 1 M re, V-RM.
2. R: (Rückr.): V-RM, *1 M li, 1 M mit dem U re zusstr., ab * fortl. wdh., enden mit 1 M li, V-RM.
Die 1. und 2. R fortl. wdh.

Rippenmuster (in R, ungerade M-Zahl)
Hinr.: 1 M re, 1 M li im Wechsel str., enden mit 1 M re.
Rückr.: Die M str. wie sie erscheinen.

Rippenmuster (in Rd)
Fortl. 1 M re, 1 M li im Wechsel str.

V-Randmasche (V-RM)
R-Anfang: Die M re verschr. str.
R-Ende: Die M wie zum Li str. abh.

Betonte Abnahmen
Rechter Arbeitsrand: V-RM, 1 M re, 1 M li, 1 M re, 1 M li, 1 M wie zum Li str. abh., 2 M re zusstr. und die abgehobene M darüber ziehen.
Linker Arbeitsrand: Bis 8 M vor R-Ende str., 3 M re zusstr., V-RM.

Maschenprobe im Grundmuster
23 M und 46 R = 10 x 10 cm.

Rückenteil
75 (85 – 93) M anschlagen und zwischen den RM 4 cm im Rippenmuster str. Dann im Grundmuster weitr arb. und für die Seitenschrägung beidseitig in jeder 8. R 7x1 M zun. und in das Muster einfügen = 89 (99 – 107) M.
Nach einer Gesamthöhe von 18 (20 – 22) cm für den Armausschnitt beidseitig in jeder 2. R 7x (8x – 8x) betonte Abn. arb. = 61 (67 – 75) M.
Nach einer Gesamthöhe von 34 (38 – 41) cm für die Schulterschrägung beidseitig in jeder 2. R 3x3 und 4x2 (3x3 und 4x2 – 5x3 und 2x2) M abk.
Dann die restl. 27 (33 – 37) M abk.

Vorderteil
Wie das Rückenteil str. Jedoch nach einer Gesamthöhe von 30 (33 – 36) cm für den Halsausschnitt die mittleren 11 (11 – 13) M abk. und beide Seiten getrennt beenden. Für die Ausschnittrundung an den inneren Ausschnittkanten in jeder 2. R 2x2 und 4x1 (2x2 und 5x1 – 2x3 und 5x1) M, dann für die 2. und 3. Größe in jeder 4. R noch (2x1 – 1x1) M abk. Nach einer Gesamthöhe von 37 (41 – 44) cm sind alle M aufgebraucht.

Fertigstellung
Beide Teile laut Schnittzeichnung spannen, anfeuchten und trocknen lassen. Dann die Schulternähte schließen. Für die Ausschnittblende aus dem Halsausschnitt 80 (90 – 100) M herausstr. und 7 cm im Rippenmuster in Rd str. Dann alle M abk. Die Blende zur Hälfte nach innen umschlagen und festnähen. Für die Armausschnittblenden jeweils 99 (109 – 119) M herausstr. und zwischen den V-RM 3,5 cm im Rippenmuster str. Dann alle M abk. Für die Bindebänder 4 Strickliesel Schläuche von je 30 cm Länge anfertigen. An beiden Seiten des Pullunders, direkt am Beginn des Armausschnittes, am Rücken- und Vorderteil 1 Strickliesel Schlauch annähen und zur Schlaufe binden. Die Seitennähte bleiben offen.

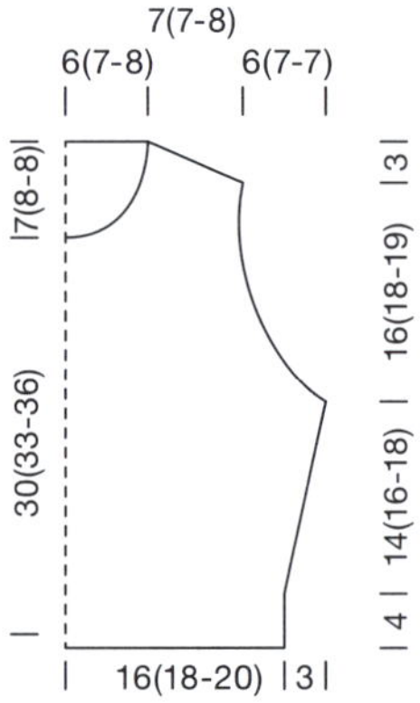

07 MÜTZE *

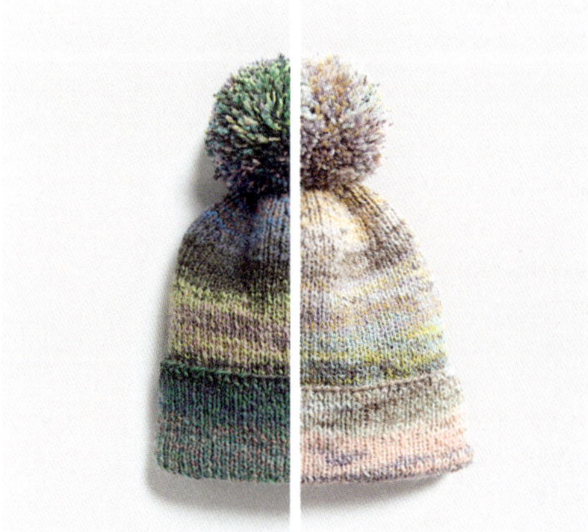

Größen
Kopfumfang: 40 (44 – 48) cm

Material
Rico Creative Chic Unique dk
Farbe 014 (Fresh) 200 (200 – 200) g
Alternative:
Farbe 008 (Wildflower) 200 (200 – 200) g
Rico Stricknadeln 3,5 mm
Rico Pompon Maker, 10 cm

Grundmuster
Rippenmuster (ungerade M-Zahl)
Hinr.: 1 M re, 1 M li im Wechsel str., enden mit 1 M re.
Rückr.: Die M str. wie sie erscheinen.

Maschenprobe im Grundmuster
31 M und 31 R = 10 x 10 cm

Anleitung
127 (141 – 155) M anschlagen und sofort im Grundmuster str. Nach einer Gesamthöhe von 21 (23 – 23) cm die Abn. wie folgt arb.:
1. R: 1 M li, *3 M re überz. zusstr. (= 1 M wie zum Re str. abh., 2 M re zusstr. und die abgehobene M darüber ziehen), 11 M im Rippenmuster, ab * fortl. wdh. = 109 (121 – 133) M.
2. R und alle weiteren Rückr.: Die M str. wie sie erscheinen.
3. R: Ohne Abn. str.
5. R: 1 M li, *3 M re überz. zusstr., 9 M im Rippenmuster, ab * fortl. wdh. = 91 (101 – 111) M.
7. R: Ohne Abn. str.

9. R: Ohne Abn. str.
11. R: 1 M li, *3 M re überz. zusstr., 7 M im Rippenmuster, ab * fortl. wdh. = 73 (81 – 89) M.
13. R: Ohne Abn. str.
15. R: 1 M li, *3 M re überz. zusstr., 5 M im Rippenmuster, ab * fortl. wdh. = 55 (61 – 67) M.
17. R: Ohne Abn. str.
19. R: 1 M li, *3 M re überz. zusstr., 3 M im Rippenmuster, ab * fortl. wdh. = 37 (41 – 45) M.
21. R: 1 M li, *3 M re überz. zusstr., 1 M im Rippenmuster, ab * fortl. wdh. = 19 (21 – 23) M.
23. R: Fortl. 2 M re zusstr., enden mit 1 M re = 10 (11 – 12) M.
Den Faden großzügig abschneiden und durch die restl. M fest zus. ziehen.

Fertigstellung
Die hintere Mützennaht schließen, dabei die unteren 5 (6 – 6) cm von außen schließen, damit beim Umschlag die Naht innen liegt.
Mit dem Pompon Maker einen Pompon anfertigen und an der Mützenspitze annähen. Die Mütze anfeuchten, in Form ziehen und trocknen lassen.

08 CARDIGAN **

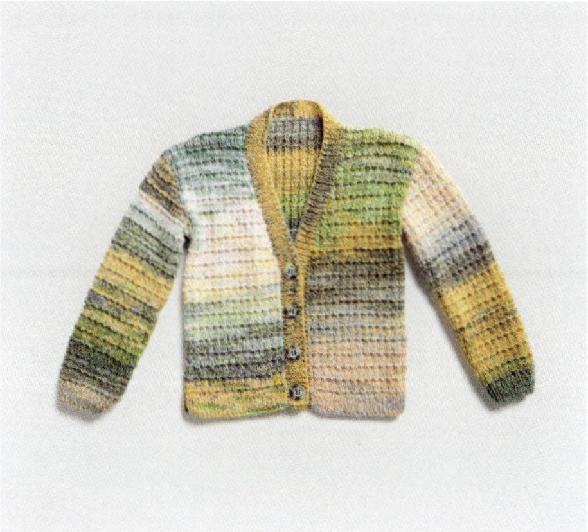

Größen
104/110 (116/122 – 128/134 – 140/146)

Material
Rico Creative Chic Unique dk
Farbe 010 (Forest) 200 (200 – 400 – 400) g
Rico Rundstricknadel 3,5 und 4 mm, 80 cm lang
4 Rico Knöpfe, 2,2 cm Durchmesser

Grundmuster
Strukturmuster
1. R (Hinr.): Re M str.
2. R (Rückr.): Re M str.
3. R: 2 M re, 1 M li im Wechsel str., enden mit 2 M re.
4. R: Die M str. wie sie erscheinen.
5. – 6. R: Wie die 3. – 4. R str.
Die 1. – 6. R fortl. wdh.

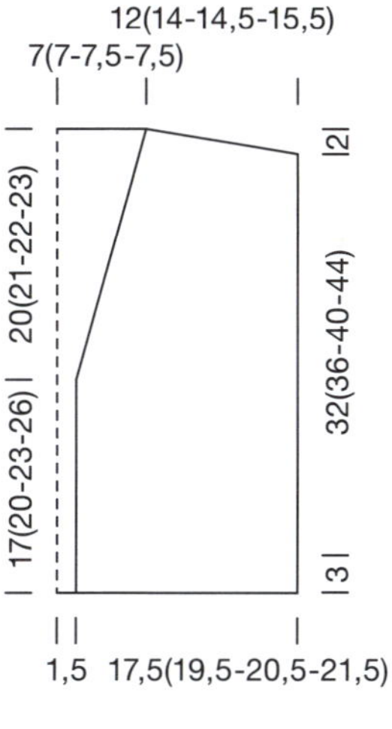

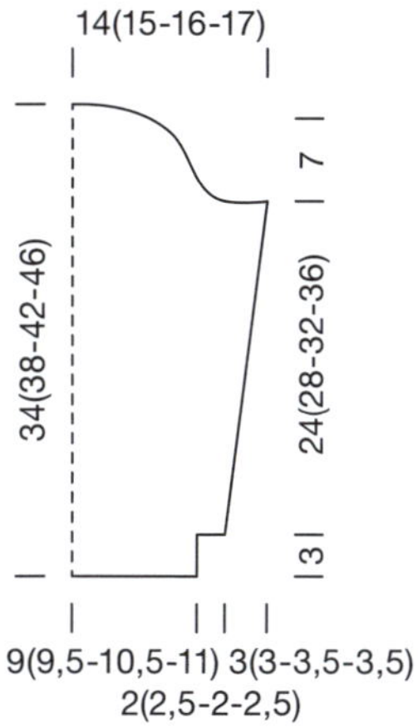

Rippenmuster (ungerade M-Zahl)
Hinr.: 1 M re, 1 M li im Wechsel str., enden mit 1 M re.
Rückr.: Die M str. wie sie erscheinen.

Knopflöcher
2 M mustergemäß zusstr., 1 U, die R mustergemäß beenden. In der folgenden Rückr. alle M und U mustergemäß str.

Maschenprobe im Grundmuster
23 M und 30 R = 10 x 10 cm

Rückenteil
101 (107 – 113 – 119) M mit Nadel 3,5 mm anschlagen und 3 cm im Rippenmuster str., dabei in der letzten Rückr. gleichmäßig verteilt 12x2 M zusstr. = 89 (95 – 101 – 107) M.
Dann mit 4 mm Nadeln im Grundmuster weiter arb. Nach einer Gesamthöhe von 35 (39 – 43 – 47) cm für die Schulterschrägung in der nächsten und jeder folgenden 2. R beidseitig 1x8 und 2x10 (2x10 und 1x11 – 3x11 – 3x12) M abk. Dann die restl. 33 (33 – 35 – 35) M abk.

Linkes Vorderteil
47 (49 – 53 – 55) M mit 3,5 mm Nadeln anschlagen und 3 cm im Rippenmuster str., dabei in der letzten Rückr. gleichmäßig verteilt 6x2 (5x2 – 6x2 – 5x2) M zusstr. = 41 (44 – 47 – 50) M. Dann mit 4 mm Nadeln im Grundmuster weiter arb. Nach einer Gesamthöhe von 17 (20 – 23 – 26) cm für den V-Ausschnitt am li Arbeitsrand in der nächsten und jeder folgenden 4. R 13x1 (13x1 – 14x1 – 14x1) M an der Ausschnittkante abk. = 29 (31 – 33 – 36) M. Die Schulterschrägung wie beim Rückenteil str. Nach einer Gesamthöhe von 37 (41 – 45 – 49) cm sind alle M aufgebraucht.

09 PULLOVER *

Rechtes Vorderteil
Gegengleich zum li Vorderteil str.

Ärmel
43 (45 – 49 – 51) M mit 3,5 mm Nadeln anschlagen und 3 cm im Rippenmuster str., dabei in der letzten Rückr. gleichmäßig verteilt 10 (11 – 10 – 11) M zun. Dafür 1 M re und 1 M re verschr. aus 1 M herausstr. = 53 (56 – 59 – 62) M.
Dann mit 4 mm Nadeln im Grundmuster weiter arb. und für die Ärmelschrägung beidseitig in jeder 12. R 6x1 (in jeder 12. R 7x1 – in jeder 12. R 7x1 – in jeder 12. R 8x1) M zun. = 65 (70 – 73 – 78) M.
Nach einer Gesamthöhe von 27 (31 – 35 – 39) cm für die Armkugel beidseitig in jeder 2. R 6x3 und 3x2 (8x3 und 1x2 – 7x3 und 2x2 – 9x3) M abk.
Dann die restl. 17 (18 – 23 – 24) M abk.
Den 2. Ärmel genauso str.

Fertigstellung
Alle Teile laut Schnittzeichnung spannen, anfeuchten und trocknen lassen.
Dann alle Nähte schließen und die Ärmel einsetzen.
Für die vordere Blende aus den Kanten der Vorderteile sowie dem rückwärtigen Halsausschnitt 229 (253 – 269 – 289) M herausstr. und 9 R im Rippenmuster str. In die Blende des re Vorderteils in der 4. R 4 Knopflöcher einstr.
Das erste ca. 2 cm von der unteren Kante entfernt, 3 weitere im Abstand von ca. 4 (5 – 6 – 7) cm.
Am li Vorderteil die Knöpfe annähen.

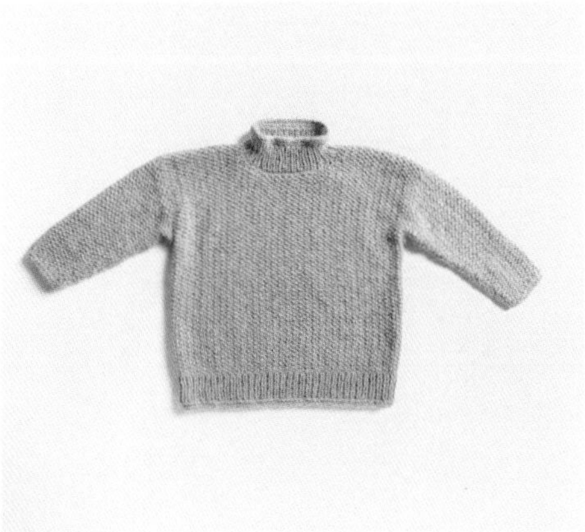

Größen
122/128 (134/140 – 146/152)

Material
Rico Soft Alpaca
Farbe 003 (Aqua) 250 (300 – 350) g
Rico Rundstricknadel 5 mm, 80 cm lang

Grundmuster
Perlmuster (ungerade M-Zahl)
Hinr. und Rückr.: 1 M re, 1 M li im Wechsel str.

Rippenmuster (in R, ungerade M-Zahl)
Hinr.: 1 M re, 1 M li im Wechsel str., enden mit 1 M re.
Rückr.: Die M str. wie sie erscheinen

Rippenmuster (in Rd)
Fortl. 1 M re, 1 M li im Wechsel str.

Kraus rechts (in R)
Fortl. re M str.

Kraus rechts (in Rd)
Fortl. 1 Rd re, 1 Rd li M str.

Maschenprobe im Grundmuster
15 M und 26 R = 10 x 10 cm.

Rückenteil
69 (75 – 81) M anschlagen und zwischen den RM 4 R kraus re und 6 cm im Rippenmuster str.
Dann im Grundmuster weiter arb.
Nach einer Gesamthöhe von 48 (50 – 52) cm alle M abk.

Vorderteil
Wie das Rückenteil str.
Jedoch nach einer Gesamthöhe von 40 (42 – 44) cm für den Halsausschnitt die mittleren 13 (15 – 17) M abk. und beide Seiten getrennt beenden.
Für die Ausschnittrundung an den inneren Ausschnittkanten in jeder 2. R 2x2 und 2x1 M abk.
Nach einer Gesamthöhe von 48 (50 – 52) cm die restl. 22 (24 – 26) Schultermaschen abk.
Die andere Seite gegengleich beenden.

Ärmel
23 (27 – 29) M anschlagen und zwischen den RM 4 R kraus re und 2 cm im Rippenmuster str.
Dann im Grundmuster weiter arb. und für die Ärmelschrägung beidseitig in jeder 6. R 12x1 M zun. = 47 (51 – 53) M.
Nach einer Gesamthöhe von 28 (30 – 32) cm alle M abk.
Den 2. Ärmel genauso str.

Fertigstellung
Alle Teile laut Schnittzeichnung spannen, anfeuchten und trocknen lassen.
Alle Nähte schließen und die Ärmel einsetzen.
Aus dem Halsausschnitt 58 (64 – 70) M herausstr. und 6 cm im Rippenmuster in Rd und 4 R kraus re in Rd str.
Dann alle M abk.

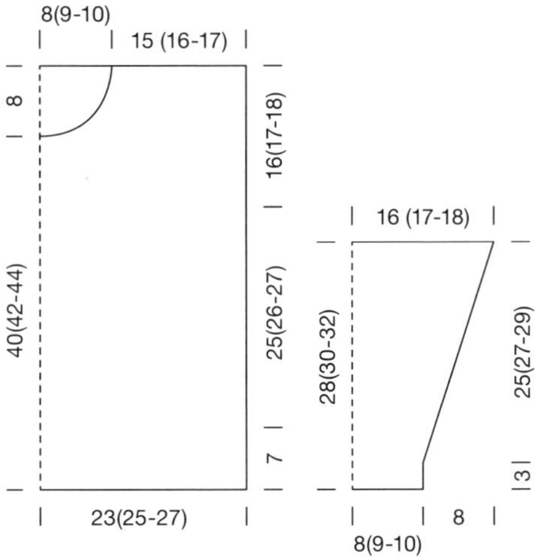

10 SCHAL

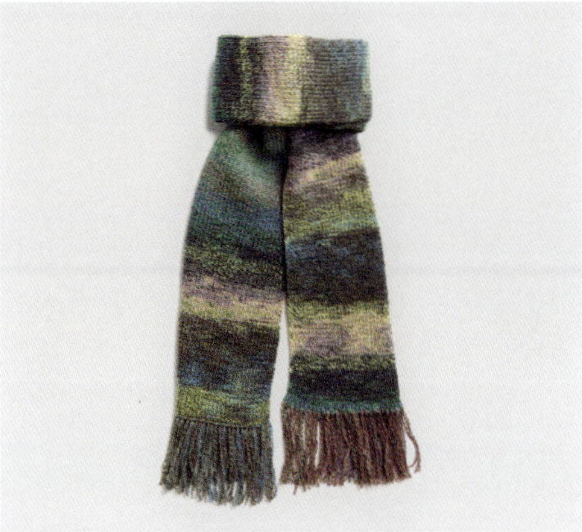

Größe
23,5 x 156 cm

Material
Rico Creative Chic Unique dk
Farbe 014 (Fresh) 200 g
Rico Stricknadeln 4 mm

Grundmuster
Rippenmuster (ungerade M-Zahl)
Hinr.: 1 M re, 1 M li im Wechsel str., enden mit 1 M re.
Rückr.: Die M str. wie sie erscheinen.

Hinweis
Vor Strickbeginn für die Fransen etwa 5 m vom Knäuel abwickeln.

Maschenprobe im Grundmuster
30 M und 29 R = 10 x 10 cm

Anleitung
73 M anschlagen und zwischen den RM im Grundmuster str., bis das gesamte Knäuel aufgebraucht ist. Dann alle M abk.

Fertigstellung
Den Schal laut Größenangabe spannen, anfeuchten und trocknen lassen.
Aus der abgewickelten Garnmenge an der Anschlag- und Abkettkante etwa 18 cm lange Fransen anknüpfen.

11 MÜTZE *

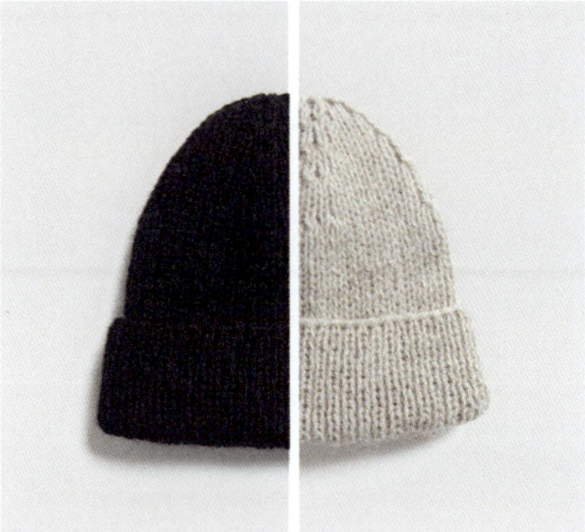

Größen
Kopfumfang : 44 bis 52 (53 bis 55) cm

Material
Rico Soft Alpaca
Farbe 014 (Schwarz) 50 g
Alternative:
Farbe 009 (Beige) 50 g
Rico Rundstricknadel 4 mm, 80 cm lang

Grundmuster
Rippenmuster
Hinr.: 1 M li, 1 M re im Wechsel str.
Rückr.: Die M str. wie sie erscheinen.

Maschenprobe im Grundmuster
28 M und 29 R = 10 x 10 cm

Anleitung
98 (114) M anschlagen und zwischen den RM im Grundmuster str. Nach einer Gesamthöhe von 18 (20) cm die Abn. wie folgt arb.:
1. R: RM, *1 M li, 3 M re überz. zusstr. (= 1 M wie zum Re str. abh., 2 M re zusstr. und die abgehobene M darüberziehen), 16 (20) M im Grundmuster, 1 M li, 3 M re zusstr., ab * noch 3x wdh., RM = 82 (98) M.
2. – 6. R: Ohne Abn. arb.
7. R: RM, *1 M li, 3 M re überz. zusstr., 12 (16) M im Grundmuster, 1 M li, 3 M re zusstr., ab * noch 3x wdh., RM = 66 (82) M.
8. – 10 R: Ohne Abn. arb.
11. R: RM, *1 M li, 3 M re überz. zusstr., 8 (12) M im Grundmuster, 1 M li, 3 M re zusstr., ab * noch 3x wdh., RM = 50 (66) M.
12. – 14. R: Ohne Abn. arb.
15. R: RM, *1 M li, 3 M re überz. zusstr., 4 (8) M im Grundmuster, 1 M li, 3 M re zusstr., ab * noch 3x wdh., RM = 34 (50) M.
16. R: Ohne Abn. arb.
17. R: RM, *1 M li, 3 M re überz. zusstr., 0 (4) M im Grundmuster, 1 M li, 3 M re zusstr., ab * noch 3x wdh., RM = 18 (34) M.
18. R: Ohne Abn. arb.
19. R: RM, fortl. 2 M re zusstr., RM = 10 (18) M.
Den Faden großzügig abschneiden und durch die restl. M fest zus. ziehen.

Fertigstellung
Die hintere Naht schließen, dabei die unteren 6 (7) cm von außen schließen, damit beim Umschlag die Naht innen liegt.
Die Mütze anfeuchten, in Form ziehen und trocknen lassen.

12 KRAGEN *

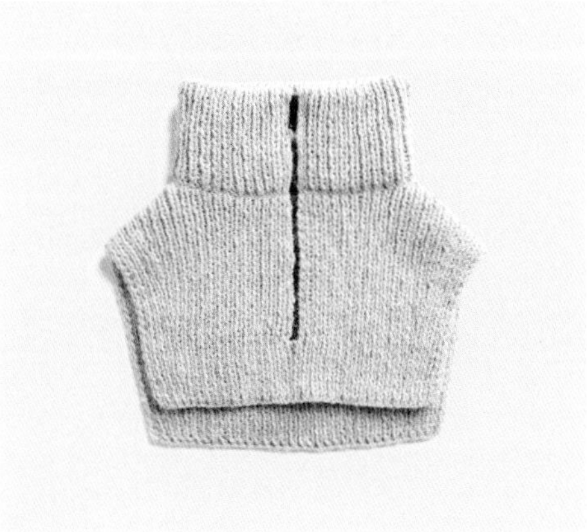

Größe
Onesize

Material
Rico Soft Alpaca
Farbe 009 (Beige) 100 g
Rico Stricknadeln 4 mm
Rico Maschenmarkierer
Kunststoff-Reißverschluss, schwarz, 25 cm lang

Grundmuster
Rippenmuster (in R, ungerade M-Zahl)
Hinr.: 1 M re, 1 M li im Wechsel str., enden mit 1 M re.
Rückr.: Die M str. wie sie erscheinen.

V-Randmasche (V-RM)
R-Anfang: Die M re verschr. str.
R-Ende: Die M wie zum Li str. abh.

Maschenprobe im Grundmuster
24 M und 28 R = 10 x 10 cm

Rückenteil
69 M anschlagen und zwischen den V-RM im Grundmuster str. Am re Arbeitsrand nach den ersten 8 M und am li Arbeitsrand vor den letzten 8 M je einen Maschenmarkierer setzen. Für die Seitenschrägung 8x in jeder 8. R nach bzw. vor dem Maschenmarkierer 1 M aus dem Querfaden herausstr. und in das Muster einfügen = 85 M.
Nach einer Gesamthöhe von 16 cm für die Schulterschrägung beidseitig in jeder 2. R 6x3 M abk. Dann die restl. 49 M abk.

Vorderteil
Wie das Rückenteil str., jedoch nach einer Gesamthöhe von 5 cm für den Reißverschluss-Schlitz die Mittelmasche abk. und beide Seiten getrennt beenden. Nach einer Gesamthöhe von 16 cm für die Halsausschnittrundung an den inneren Ausschnittkanten in jeder 2. R 1x12, 1x5, 1x3, 1x2 und 2x1 M abk.
Die Schulterschrägung wie beim Rückenteil str.
Nach einer Gesamthöhe von 20 cm sind alle M aufgebraucht.

Fertigstellung
Beide Teile laut Schnittzeichnung spannen, anfeuchten und trocknen lassen. Dann die Schulternähte schließen. Für den Kragen aus dem Halsausschnitt 97 M herausstr. und zwischen den RM 20 cm im Grundmuster str. Dann alle M abk. Den Kragen zur Hälfte nach innen umschlagen und den Reißverschluss zwischen den doppelt gelegten Kragen und den vorderen Schlitz einnähen.

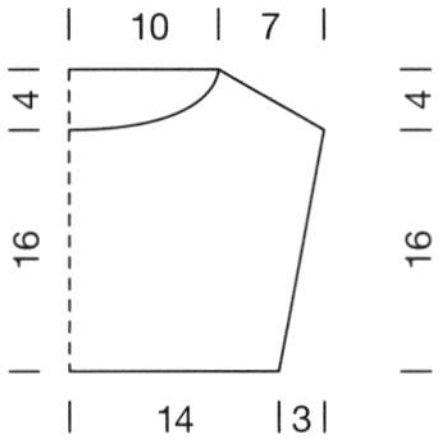

13 CARDIGAN *

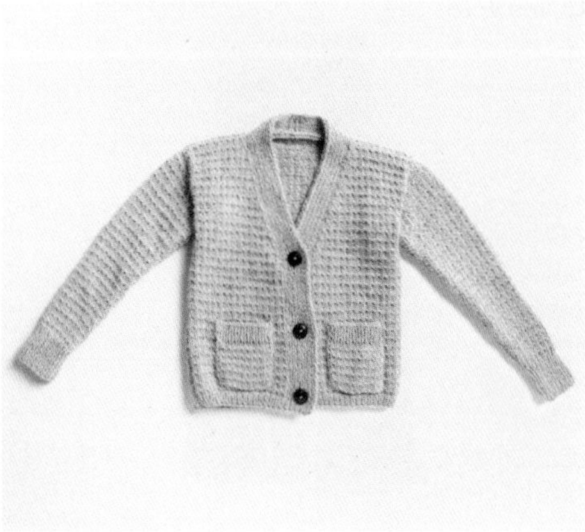

Größen
110/116 (122/128 – 134/140 – 146/152)

Material
Rico Soft Alpaca
Farbe 009 (Beige) 200 (250 – 300 – 350) g
Rico Rundstricknadel 4,5 mm, 80 cm lang
3 Rico Knöpfe, 2,2 cm Durchmesser

Grundmuster
Strukturmuster
1. R (Hinr.): Re M str.
2. R (Rückr.): Li M str.
3. R: 1 M re, 1 M li im Wechsel str., enden mit 1 M re.
4. R: Li M str.
Die 1. – 4. R fort. wdh.

Rippenmuster (ungerade M-Zahl)
Hinr.: 1 M li, 1 M re im Wechsel str., enden mit 1 M li.
Rückr.: Die M str. wie sie erscheinen.

V-Randmasche (V-RM)
R-Anfang: Die M re verschr. str.
R-Ende: Die M wie zum Li str. abh.

Knopflöcher
2 M mustergemäß zusstr., 1 U, die R mustergemäß beenden.
In der folgenden Rückr. alle M und U mustergemäß str.

Maschenprobe im Grundmuster
18 M und 28 R = 10 x 10 cm

Rückenteil
55 (61 – 69 – 75) M anschlagen und zwischen den RM 2 cm im Rippenmuster str. Dann im Grundmuster weiter arb. Nach einer Gesamthöhe von 43 (46 – 48 – 50) cm alle M abk.

Linkes Vorderteil
36 (40 – 46 – 48) M anschlagen und zwischen den RM 2 cm im Rippenmuster str. Dabei mit 1 M re beginnen. Dann in folgender Einteilung weiter arb.:
RM, 25 (29 – 33 – 35) M im Grundmuster,
9 (9 – 11 – 11) M im Rippenmuster (= vordere Blende),
V-RM. Nach einer Gesamthöhe von 24 (25 – 26 – 27) cm für den V-Ausschnitt in der folgenden und jeder folgenden 4. R 10x (12x – 14x – 15x) die beiden M vor den Blendenmaschen re zusstr. = 26 (28 – 32 – 33) M. Nach einer Gesamthöhe von 43 (46 – 48 – 50) cm am re Arbeitsrand 16 (18 – 20 – 21) Schultermaschen abk. Über die verbleibenden 10 (10 – 12 – 12) M weitere 6 (7 – 8 – 9) cm im Rippenmuster str. Diese werden in den rückwärtigen Halsausschnitt eingenäht. Alle M abk.

Rechtes Vorderteil
Gegengleich zum li Vorderteil arb. Jedoch in die vordere Blende über die 5. und 6. M 3 Knopflöcher einstr. Das erste ca. 2 cm von der unteren Kante entfernt, 2 weitere im Abstand von ca. 8 (9 – 9 – 10) cm. Für den V-Ausschnitt die beiden M nach den Blendenmaschen re verschr. zusstr.

Ärmel
25 (29 – 33 – 39) M anschlagen und zwischen den RM 6 (6 – 8 – 8) cm im Rippenmuster str. Dann im Grundmuster weiter arb. und für die Ärmelschrägung beidseitig in jeder 8. (8. – 8. – 10.) R 11x1 (11x1 – 11x1 – 10x1) M zun. = 47 (51 – 55 – 59) M. Nach einer Gesamthöhe von 40 (42 – 46 – 48) cm alle M abk.
Den 2. Ärmel genauso str.

Tasche (2x str.)
19 M anschlagen und zwischen den RM 9 cm im Grundmuster und 3 cm im Rippenmuster str. Dann alle M abk.

Fertigstellung
Alle Teile laut Schnittzeichnung spannen, anfeuchten und trocknen lassen.
Dann alle Nähte schließen und die Ärmel einsetzen. Dabei bei den Ärmeln die unteren 3 (3 – 4 – 4) cm von außen schließen, damit beim Umschlagen die Naht innen liegt. Die Blenden der Vorderteile in den rückwärtigen Halsausschnitt einnähen und die Blendennaht schließen. Die Taschen etwa 3 cm von der vorderen Blende entfernt auf den Vorderteilen so annähen, dass die Anschlagkante an der Oberkante des Bündchens liegt. Am li Vorderteil die Knöpfe annähen. Die Ärmelbündchen nach außen umschlagen.

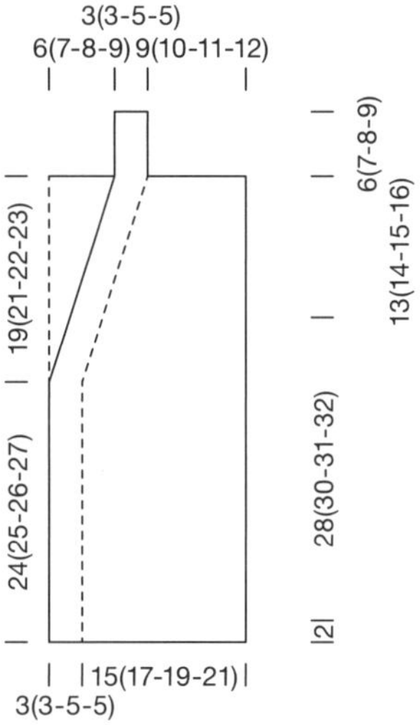

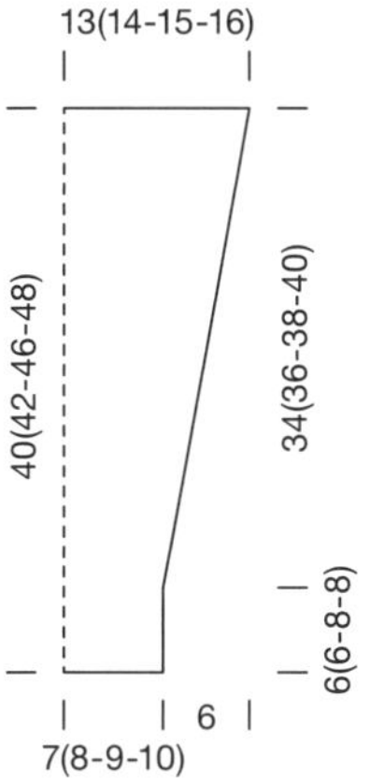

14 MANTEL **

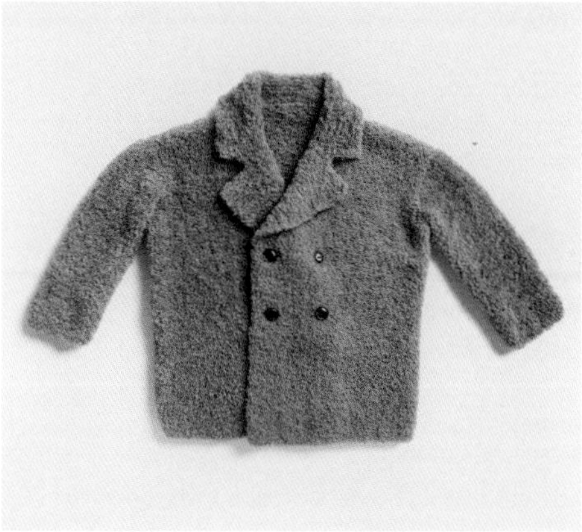

Größen
110 /116 (122/128)

Material
Rico Creative Teddy
Farbe 006 (Braun) 400 g
Rico Rundstricknadel 4 mm, 80 cm lang
5 Rico Knöpfe, 2,2 cm Durchmesser

Grundmuster
Glatt rechts
Hinr.: Re M str.
Rückr.: Li M str.

Knopflöcher
2 M mustergemäß zusstr., 1 U, die R mustergemäß beenden. In der folgenden Rückr. alle M und U mustergemäß str.

Maschenprobe im Grundmuster
22 M und 26 R = 10 x 10 cm.

Rückenteil
92 (102) M anschlagen und zwischen den RM im Grundmuster str. Für die Seitenschrägung beidseitig in jeder 26. (20.) R 4x1 (6x1) M zun. = 100 (114) M. Nach einer Gesamthöhe von 44 (47) cm für den Armausschnitt beidseitig 7 (8) M abk. = 86 (98) M. Nach einer Gesamthöhe von 57 (62) cm für die Schulterschrägung beidseitig in jeder 2. R 3x7 und 1x9 (3x8 und 1x9) M abk. Dann die restl. 26 (32) M abk.

Linkes Vorderteil
62 (69) M anschlagen und zwischen den RM im Grundmuster str. Am re Arbeitsrand die Seitenschrägung, den Armausschnitt und die Schulterschrägung wie beim Rückenteil str.

15 PULLOVER **

Nach einer Gesamthöhe von 35 (37) cm am li Arbeitsrand über die 7. und 8. M vor der RM ein Knopfloch str. Ab jetzt für das Revers am li Arbeitsrand abwechselnd in jeder 4. und 6. R 9x1 (11x1) M zun. Nach einer Gesamthöhe von 54 (58) cm am li Arbeitsrand 38 (45) M abk. Nach einer Gesamthöhe von 60 (65) cm sind alle M aufgebraucht.

Rechtes Vorderteil

Gegengleich zum li Vorderteil str.

Ärmel

40 (44) M anschlagen und zwischen den RM im Grundmuster str. Für die Ärmelschrägung beidseitig in jeder 10. (8.) R 9x1 (11x1) M zun. = 58 (66) M. Nach einer Gesamthöhe von 38 (40) cm alle M abk. Den 2. Ärmel ebenso str.

Fertigstellung

Alle Nähte schließen und die Ärmel einsetzen.
Für den Kragen aus dem rückwärtigen Halsausschnitt 26 (30) M und aus den geraden 6 (7) cm hohen Längskanten des Revers jeweils 13 (15) M auffassen = 52 (60) M.
Zwischen den RM im Grundmuster str. und beidseitig in jeder 8. (6.) R 5x1 (6x1) M zun. = 62 (72) M. Nach einer Kragenhöhe von 16 (18) cm alle M abk. Den Kragen über 13 (15) cm am Revers annähen. Am li Vorderteil etwa 10 cm rechts vom Knopfloch an der Außen- und Innenseite je 1 Knopf annähen. 2 weitere Knöpfe wie abgebildet annähen. Am re Vorderteil entsprechend dem Knopfloch an der Außenseite einen Knopf annähen.

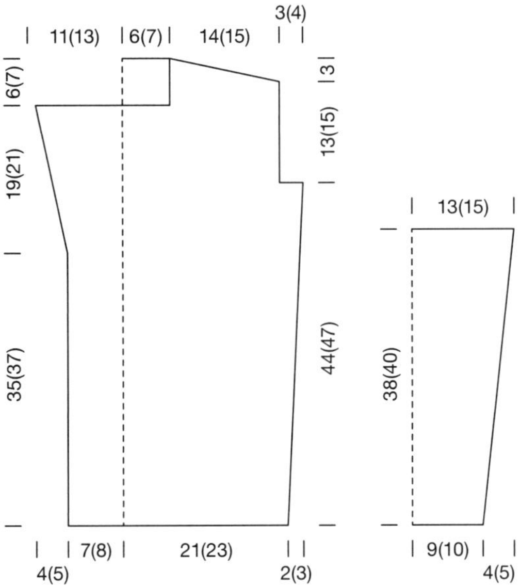

Größen

122/128 (134/140 – 146/152)

Material

Rico Soft Alpaca
Farbe 011 (Creme) 400 (450 – 500) g
Rico Rundstricknadel 4 mm, 40, 60, 80 cm lang
Rico Maschenmarkierer
Rico Zopfnadel
Hilfsnadeln

Grundmuster

Kraus rechts (in Rd)

Fortl. 1 Rd re M, 1 Rd li M im Wechsel str.

Rippenmuster (in Rd)

Fortl. 1 M re, 1 M li im Wechsel str.

Zopfmuster

1. Rd: 1 M li, 8 M re, 1 M li str.
2. Rd und alle weiteren 2. Rd.: Die M str. wie sie erscheinen.
3. Rd: 1 M li, 2 M auf die Zopfnadel vor die Arbeit legen, 2 M re str., dann die M der Zopfnadel re str., 2 M auf die Zopfnadel hinter die Arbeit legen, 2 M re str., dann die M der Zopfnadel re str., 1 M li. str.
5. Rd: 1 M li, 2 M re, 4 M li, 2 M re, 1 M li. str.
7. Rd: 1 M li, 8 M re, 1 M li str.
9. Rd: 1 M li, 2 M auf die Zopfnadel hinter die Arbeit legen, 2 M re str., dann die M der Zopfnadel re str., 2 M auf die Zopfnadel vor die Arbeit legen, 2 M re str., dann die M der Zopfnadel re str., 1 M li.
11. Rd: 1 M li, 8 M re, 1 M li str.

Die 1. – 12. R fortl. wdh.

Betonte Zunahmen

Rechts geneigte M: Mit der li Nadel durch den Querfaden von hinten nach vorne einstechen und den Querfaden re str.
Links geneigte M: Mit der li Nadel durch den Querfaden von vorne nach hinten einstechen und den Querfaden re verschr. str.

Zunahmen beidseitig der Raglanmaschen

Rechts der Raglan-M: re geneigte M str.
Links der Raglan-M: li geneigte M str.

Hinweis

Das Modell wird an einem Stück von oben nach unten gestrickt. Entsprechend der M-Zahl die Länge der Nadel anpassen.

Maschenprobe im Grundmuster

20 M und 40 Rd = 10 x 10 cm

Passe

88 M anschlagen, zur Rd schließen und am Rd-Anfang einen Maschenmarkierer setzen (= hintere Mitte).
Dann 9 cm im Rippenmuster str. In der letzten Rd das Strickstück zur Hälfte nach innen umschlagen und immer 1 M von der Arbeitsnadel mit 1 M aus der Anschlagkante mustergemäß zusstr. Das Halsbündchen hat jetzt eine Höhe von 4,5 cm. Noch 1 Rd re M str. und wie folgt weitere Maschenmarkierer setzen:
14 M im Grundmuster für den 1. Teil des Rückenteils str., dabei gleichmäßig verteilt 3 M verdoppeln (= 17 M für das halbe Rückenteil), Maschenmarkierer setzen,

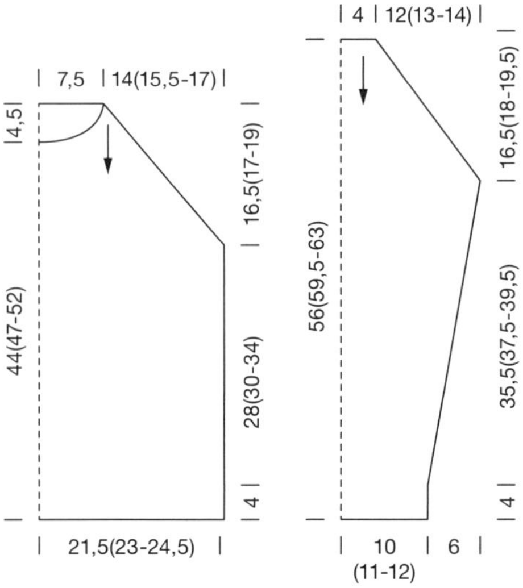

16 PULLOVER *

1 M re (= Raglanmasche), Maschenmarkierer setzen,
14 M für den 1. Ärmel mit folgender Einteilung:
2 M im Grundmuster, 10 M im Zopfmuster,
2 M im Grundmuster, Maschenmarkierer setzen,
1 M re (= Raglanmasche), Maschenmarkierer setzen,
28 M für das Vorderteil, dabei gleichmäßig verteilt 6 M verdoppeln (= 34 M für das Vorderteil),
Maschenmarkierer setzen, 1 M re (= Raglanmasche),
Maschenmarkierer setzen, 14 M für den 2. Ärmel (Einteilung wie 1. Ärmel), Maschenmarkierer setzen,
1 M re (= Raglanmasche), Maschenmarkierer setzen,
14 M für den 2. Teil des Rückenteils, dabei gleichmäßig verteilt 3 M verdoppeln = 100 M.
Dann mustergemäß weiter arb. und mit den Zun. der Raglan-M beginnen. Dafür 22x (25x – 28x) in jeder 2. Rd (in re M gestr. Rd) wie beschrieben die M zun.
= 276 (300 – 324) M. Die zugenommenen M in das Grundmuster einfügen. Die Passe hat jetzt eine Höhe von 16,5 (18 – 19,5) cm.

Vorder- und Rückenteil
39 (43 – 45) M für den 1. Teil des Rückenteils mutergemäß str., 59 (63 – 71) M für den 1. Ärmel auf einer Hilfsnadel stilllegen, 6 M neu dazu anschlagen, 79 (87 – 91) M für das Vorderteil mustergemäß str., 6 M neu dazu anschlagen,
59 (63 – 71) M für den 2. Ärmel stilllegen,
40 (44 – 46) M für den 2. Teil des Rückenteils mustergemäß str. = 170 (186 – 194) M für Rücken- und Vorderteil.
Über alle M weitere 28 (30 – 34) cm im Grundmuster und 4 cm im Rippenmuster str. Dann alle M abk.

Ärmel
Die M wie folgt auf die kurze Rundstricknadel nehmen:
Maschenmarkierer für den Rd-Anfang setzen,
3 M neu anschlagen, die stillgelegten 59 (63 – 71) M mustergemäß str., 3 M neu dazu anschlagen
= 65 (69 – 77) M.
Mustergemäß weiter arb. und für die Ärmelschrägung beidseitig des Maschenmarkierers 10x (10x – 12x) in jeder 12. (14. – 12.) Rd die beiden M vor dem Maschenmarkierer re verschr. zusstr. und nach dem Maschenmarkierer re zusstr. = 45 (49 – 53) M.
Nach einer Gesamthöhe von 35,5 (37,5 – 39,5) cm ab der Passe in der folgenden Rd. über den 10 M des Zopfmusters fortl. 2 M zusstr. = 40 (44 – 48) M.
Dann noch 4 cm im Rippenmuster str. und alle M abk.
Den 2. Ärmel genauso str.
Die Nähte unter den Ärmeln schließen. Das Teil in Form ziehen, anfeuchten und trocknen lassen

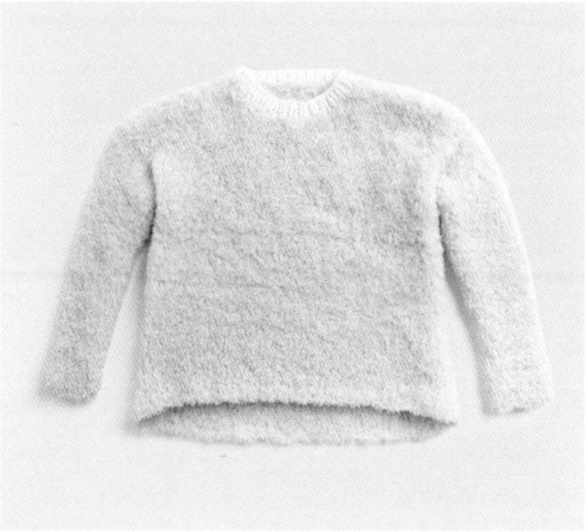

Größen
122/128 (134/140 – 146/152)

Material
Rico Creative Teddy
Farbe 001 (Creme) 300 (300 – 400) g
Rico Soft Alpaca
Farbe 011 (Creme) 50 (50 – 50) g
Rico Rundstricknadel 4,5 mm, 80 cm lang

Grundmuster
Glatt rechts
Hinr.: Re M str.
Rückr.: Li M str.

Rippenmuster (in Rd)
Fortl. 1 M re, 1 M li im Wechsel str.

Maschenprobe im Grundmuster
20 M und 32 R = 10 x 10 cm.

Rückenteil
92 (100 – 108) M mit Creative Teddy anschlagen und zwischen den RM im Grundmuster str. Nach einer Gesamthöhe von 45 (49 – 53) cm alle M abk.

Vorderteil
Wie das Rückenteil str., jedoch nach einer Gesamthöhe von 38 (42 – 46) cm für den Halsausschnitt die mittleren 10 (10 – 12) M abk. und beide Seiten getrennt beenden. Für die Ausschnittrundung an den inneren Ausschnittkanten in jeder 2. R 1x3, 2x2 und 4x1 (1x3, 2x2 und 4x1 – 1x3, 2x2 und 5x1) M abk.
Nach einer Gesamthöhe von 45 (49 – 53) cm die restl. 30 (34 – 36) Schultermaschen abk.
Die andere Seite gegengleich beenden.

Ärmel
32 (36 – 40) M mit Creative Teddy anschlagen und zwischen den RM im Grundmuster str.
Nach 4 cm mit der Ärmelschrägung beginnen.
Dafür beidseitig abwechselnd in jeder 6. und 8. R 14x1 M zun. = 60 (64 – 68) M.
Nach einer Gesamthöhe von 35 (37 – 39) cm alle M abk.
Den 2. Ärmel ebenso str.

Fertigstellung
Alle Teile laut Schnittzeichnung spannen, anfeuchten und trocknen lassen. Alle Nähte schließen und Ärmel einsetzen. Aus dem Halsausschnitt mit Soft Alpaca 70 (70 – 76) M herausstr. und 3 cm im Rippenmuster in Rd str., dann alle M abk.

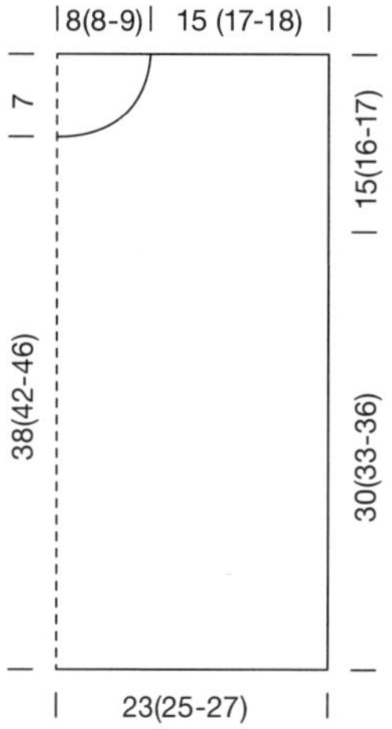

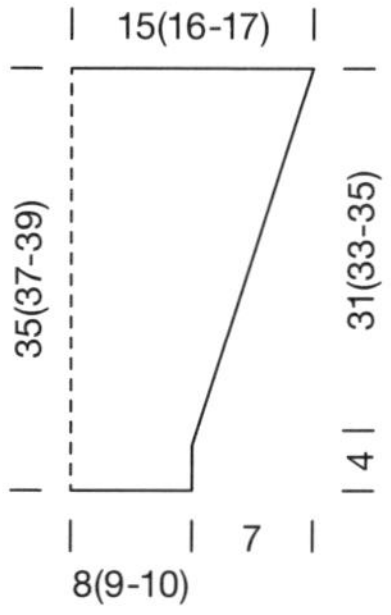

17 HÄSCHENTASCHE *

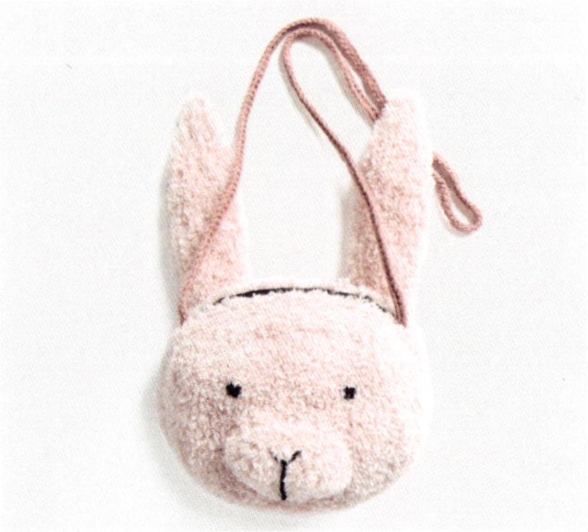

Größe
Onesize

Material
Rico Creative Teddy
Farbe 002 (Rosa) 100 g
Rico Soft Alpaca
Farbe 007 (Rosa) 50 g
Reißverschluss 22 cm
Rico Stricknadeln 3,5 mm
Rico Nadelspiel 3,5 mm
Schwarzes Garn
Rico Häkelnadel 3,5 mm
Rico Nähnadel
Stück Pappe ca. 25 x 25 cm

Grundmuster
Glatt rechts (in Rd)
Fortl. re M str.
Glatt re (in R)
Hinr.: Re M str.
Rückr.: Li M str.

Häkelmuster
Luftmaschen (LM)
Feste Maschen (fe M)

Maschenprobe im Grundmuster
22 M und 34 R = 10 x 10 cm

Anleitung
Bis auf die Ohren, wie Modell 18 str.

Ohren (2x str.)
Mit Creative Teddy 26 M anschlagen, auf dem Nadelspiel gleichmäßig verteilen und zur Rd schließen und im Grundmuster arb.
Nach einer Höhe von 12 cm für die Ohrenspitze die 13. und die 26. M markieren. Die beiden M vor und nach den markierten M re zusstr.
Diese Abnahmen noch 4x in jeder 4. Rd wdh. = 6 M.
Alle M abk.

Fertigstellung
Den Taschensteg zwischen Vorder- und Rückenteil einsetzten. An der oberen offenen Kante den Reißverschluss und die Ohren zwischen Rückenteil und Steg einnähen. Die Schnauze auf das Vorderteil nähen und etwas mit Restwolle ausfüllen.
Mit schwarzem Garn das Gesicht auf die Tasche aufsticken. Aus der Pappe, 1x die Form vom Rückenteil zuschneiden, in die Tasche hineinlegen und mit etwas Klebstoff am Rückenteil fixieren.

18 TEDDYTASCHE **

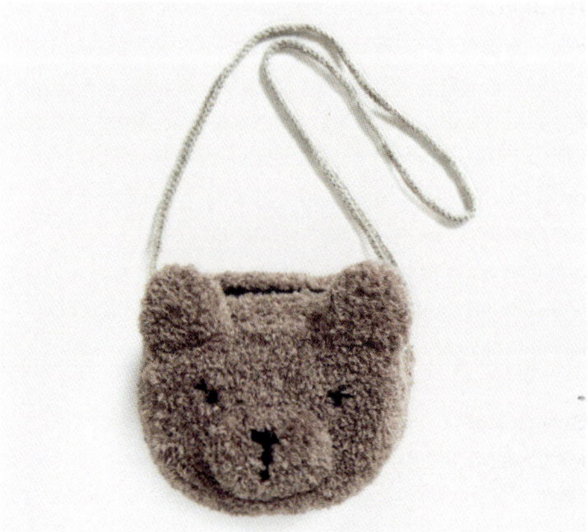

Größe
Onesize

Material
Rico Creative Teddy
Farbe 006 (Braun) 100 g
Rico Soft Alpaca
Farbe 006 (Aqua) 50 g
Reißverschluss 22 cm
Rico Stricknadeln 3,5 mm
Rico Häkelnadel 3,5 mm
Schwarzes Garn
Rico Nähnadel
Stück Pappe ca. 25 x 25 cm

Grundmuster
Glatt rechts (in Rd)
Fortl. re M str.
Glatt re (in R)
Hinr.: Re M str.
Rückr.: Li M str.

Häkelmuster
Luftmaschen (LM)
Feste Maschen (fe M)

Maschenprobe im Grundmuster
22 M und 34 R = 10 x 10 cm

Vorderteil
Mit Creative Teddy 22 M anschlagen und zwischen den RM im Grundmuster arb. 1 R re M str., dann in jeder Hinr. und Rückr. beidseitig 11x die RM verdoppeln (= 1 M re und 1 M re verschr. aus der RM herausstr.) = 44 M. Weitere 7 cm str. Dann für die Abn. in jeder Hinr. und Rückr. die M nach bzw. vor der RM 11x mit der RM mustergemäß zusstr. = 22 M. Dann alle M abk.

19 WICKELJACKE **

Rückenteil
Wie das Vorderteil str.

Taschensteg (6 cm breit)
Mit Creative Teddy 14 M anschlagen und zwischen den RM im Grundmuster arb. Für den Reißverschluss Schlitz die Arbeit nach 15 cm teilen und beide Teile getrennt weiter arb. Nach 22 cm ab Teilung (= Reißverschluß-Länge), wieder alle M auf die Nadel nehmen und 15 cm weiter arb. Dann die M abk.

Schnauze
Mit Creative Teddy 10 M anschlagen und zwischen den RM im Grundmuster arb. 1 R re M str., dann in jeder Hinr. und Rückr. beidseitig 6x die RM verdoppeln = 22 M. Weitere 4 cm str. Dann für die Abn. in jeder R die M nach bzw. vor der RM 6x mit der RM mustergemäß zusstr. = 10 M, dann alle M abk.

Ohren (4x str.)
Mit Creative Teddy 15 M anschlagen und zwischen den RM im Grundmuster arb. Nach einer Höhe von 6 cm beidseitig in jeder Hinr. und Rückr. 5x die RM mit der M danach bzw. davor mustergemäß zusstr. Die letzten 5 M abk. Für jedes Ohr 2 Teile zusammennähen.

Träger
Mit Soft Alpaca 210 LM anschlagen und 1 R fe häkeln. Den Träger sehr fest häkeln damit er sich nicht aushängt.

Fertigstellung
Den Taschensteg zwischen Vorder- und Rückenteil einsetzten. An der oberen offenen Kante den Reißverschluss und die Ohren zwischen dem Vorderteil und dem Steg einnähen. Die Schnauze auf das Vorderteil nähen und etwas mit Restwolle ausfüllen. Mit schwarzem Garn das Gesicht auf die Tasche aufsticken. Aus der Pappe, 1x die Form vom Rückenteil zuschneiden, in die Tasche hineinlegen und mit etwas Klebstoff am Rückenteil fixieren.

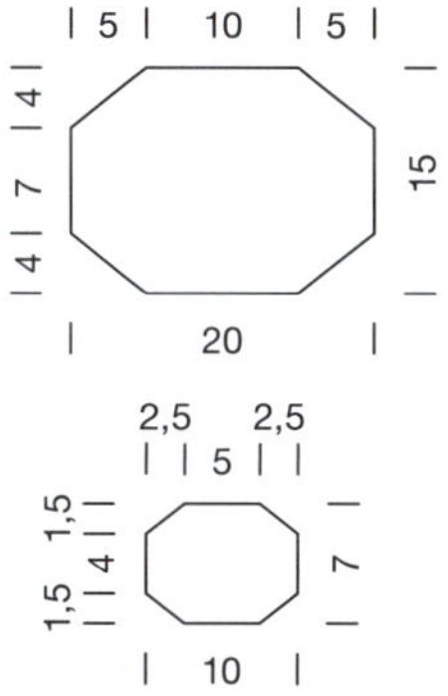

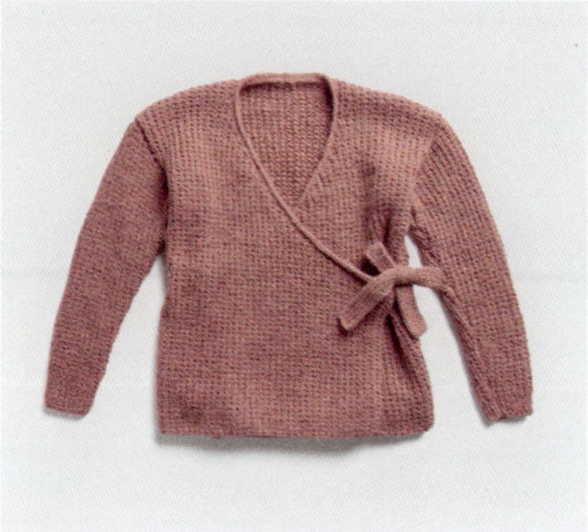

Größen
104/110 (116/122 – 128/134 – 140/146)

Material
Rico Soft Alpaca
Farbe 007 (Rosa) 350 (400 – 450 – 500) g
Rico Rundstricknadeln 3,5 und 4 mm, 80 cm lang
1 Rico Druckknopf, 1 cm Durchmesser

Grundmuster
Strukturmuster
Hinr.: Re M str.
Rückr.: 1 M re, 1 M li im Wechsel str.

Rippenmuster
Hinr.: 1 M re, 1 M li im Wechsel str.
Rückr.: Die M str. wie sie erscheinen.

V-Randmasche (V-RM)
R-Anfang: Die M re verschr. str.
R-Ende: Die M wie zum Li str. abh.

Maschenprobe im Grundmuster mit 4 mm Nadeln
21 M und 28 R = 10 x 10 cm

Rückenteil
Mit 4 mm Nadeln 77 (83 – 89 – 95) M anschlagen und zwischen den RM im Grundmuster str.
Nach einer Gesamthöhe von 40 (46 – 50 – 54) cm für die Schulterschrägung beidseitig in jeder 2. R 3x8 (3x9 – 1x9 und2x10 – 1x10 und 2x11) M abk.
Dann die restl. 29 (29 – 31 – 31) M abk.

Linkes Vorderteil
Mit 4 mm Nadeln 69 (75 – 81 – 87) M anschlagen und zwischen den RM im Grundmuster str.
Nach einer Gesamthöhe von 17 (21 – 23 – 26) cm für die Ausschnittrundung in jeder 2. R 1x6, 1x4, 2x3, 3x2, 18x1 (1x7, 1x4, 2x3, 4x2, 19x1 – 1x8, 1x5, 2x3, 4x2, 20x1 – 1x9, 1x5, 2x3, 4x2, 21x1) M abk
Dann in jeder 4. R 5x1 (4x1 – 5x1 – 6x1) M abk.
Die Schulterschrägung am re Arbeitsrand wie beim Rückenteil str.
Nach einer Gesamthöhe von 42 (48 – 52 – 56) cm sind alle M aufgebraucht.

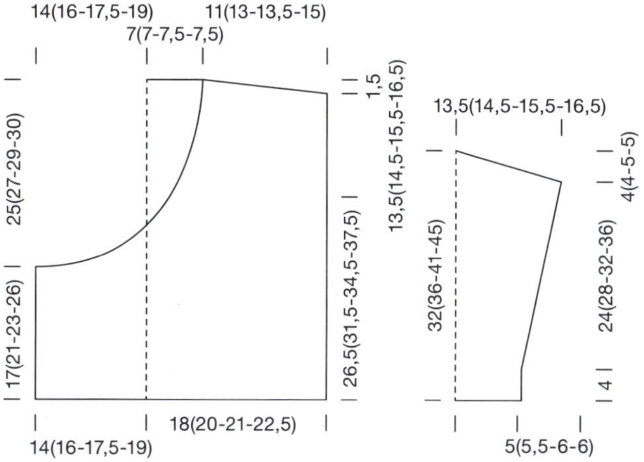

20 | 21 STIRNBAND & MINI TUCH *

Rechtes Vorderteil
Gegengleich zum li Vorderteil str.

Ärmel
Mit 4 mm Nadeln 36 (38 – 40 – 44) M anschlagen und zwischen den RM 4 cm im Rippenmuster str. Dann im Grundmuster weiter arb. und für die Ärmelschrägung beidseitig in jeder 6. R 10x1 (11x1 – 13x1 – 13x1) M zun. und in das Muster einfügen = 56 (60 – 66 – 70) M.
Nach einer Gesamthöhe von 28 (32 – 36 – 40) cm beidseitig in jeder 2. R 5x5 und 1x3 (6x5 – 6x5 und 1x3 – 7x5) M abk.
Nach einer Gesamthöhe von 32 (36 – 41 – 45) cm sind alle M aufgebraucht.
Den 2. Ärmel ebenso str.

Bindeband (2x str.)
Mit 3,5 mm Nadeln 10 M anschlagen und zwischen den V-RM 30 cm im Rippenmuster str. Dann die M abk.

Fertigstellung
Alle Teile laut Schnittzeichnung spannen, anfeuchten und trocknen lassen.
Dann die Schulternähte und die re Seitennaht schließen.
Aus der Ausschnittrundung der Vorderteile sowie dem rückwärtigen Halsausschnitt etwa 147 (157 – 167 – 177) M herausstr. und 1 Rückr. li M str.
Dann alle M als I-Cord Rand abk (= *1 M re str. und die nächsten beiden M re verschr. zusstr., und die beiden M wieder auf die li Nadel heben, ab * fortl. wdh.).
1 Bindeband am re Vorderteil so annähen, dass es mit Beginn des Ausschnittes abschließt.
Die li Seitennaht schließen, dabei das 2. Bindeband entsprechend an der Naht mit einnähen.
Dann die Ärmel einsetzen. Am li Vorderteil an der Außenseite und am re Vorderteil auf der Innenseite 17 (21 – 23 – 26) cm von der unteren Kante entfernt den Druckknopf annähen.

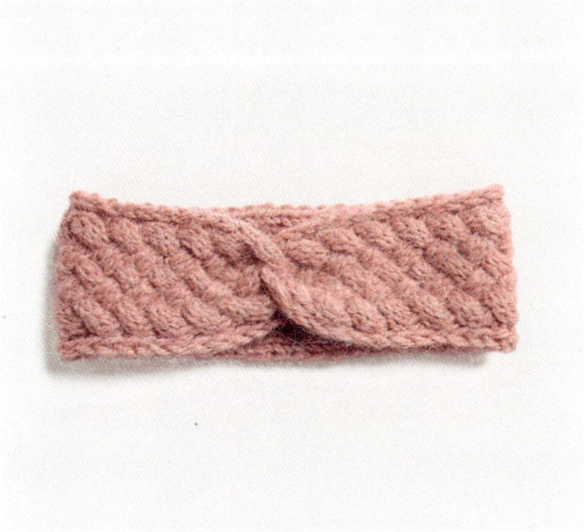

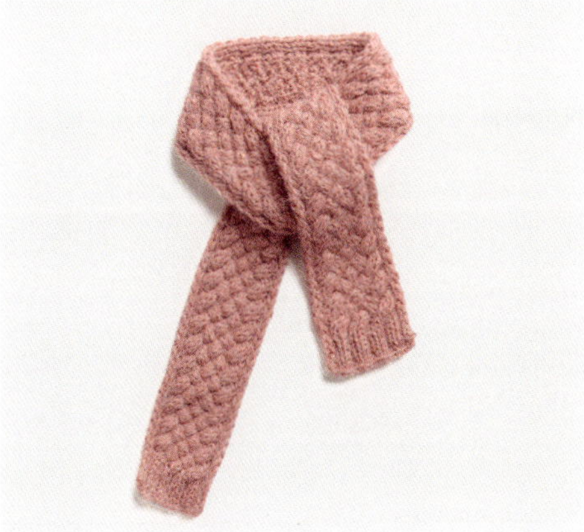

Größen
Stirnband: Kopfumfang 44 (48 – 52) cm
Mini Tuch: 8,5 x 90 cm

Material (Stirnband/Tuch)
Rico Soft Alpaca
Farbe 007 (Rosa) 50 (50 – 100) g
Rico Rundstricknadel 4 mm, 60 cm lang
Rico Zopfnadel

Grundmuster
Zopfmuster (über 22 M)
1. R (Hinr.): 2 M li, 18 M re, 2 M li
2. R (Rückr.): Die M str. wie sie erscheinen.
3. R: 2 M li, *3 M auf die Zopfnadel hinter die Arbeit legen, 3 M re str., dann die M der Zopfnadel re str., ab * noch 2x wdh., 2 M li.
4. R: Die M str. wie sie erscheinen.
5. R: 2 M li, *3 M re, 3 M auf die Zopfnadel vor die Arbeit legen, 3 M re str., dann die M der Zopfnadel re str., ab * noch 1x wdh., 3 M re, 2 M li.
6. R: Die M str. wie sie erscheinen.
Die 3. – 6. R fortl. wdh.

Rippenmuster
Hinr.: 2 M li, 2 M re im Wechsel str., enden mit 2 M li.
Rückr.: Die M str. wie sie erscheinen.

V-Randmasche (V-RM)
R-Anfang: Die M re verschr. str.
R-Ende: Die M wie zum Li str. abh.

Maschenprobe im Grundmuster
28 M und 24 R = 10 x 10 cm

Stirnband
Die Stirnbandlänge, je nach Kopfumfang anpassen und entsprechend länger oder kürzer str. Dabei darauf achten, dass das Strickstück ca. 2 cm kürzer als der gemessene Kopfumfang ist.
24 M anschlagen und zwischen den RM im Grundmuster str. Nach einer Gesamthöhe von 42 (46 – 50) cm alle M abk, dabei über die Zopfpartie, jeweils 2 M zus. abk.

Fertigstellung
Das Stirnband in Form ziehen, anfeuchten und trocknen lassen, dann wie abgebildet, die Abkett- und Anschlagkante verdreht aufeinander nähen.

Tuch
28 M anschlagen und zwischen den RM 3 cm im Rippenmuster str., dabei in der letzten Rückr. gleichmäßig verteilt 4x2 M zusstr. = 24 M.
Dann im Grundmuster weiter arb.
Nach einer Gesamthöhe von 86 cm in der folgenden Rückr. gleichmäßig verteilt 4 M zun. und weiter 3 cm im Rippenmuster str. Dann alle M abk.

Fertigstellung
Das Tuch laut Größenangabe spannen, anfeuchten und trocknen lassen.

22 | 23 STIRNBAND & DREIECKSTUCH *

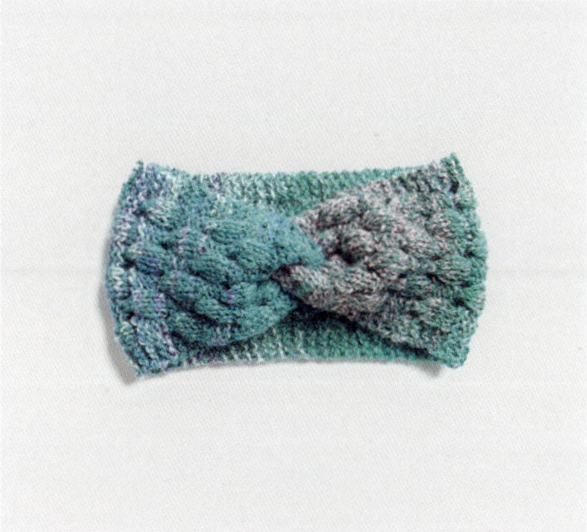

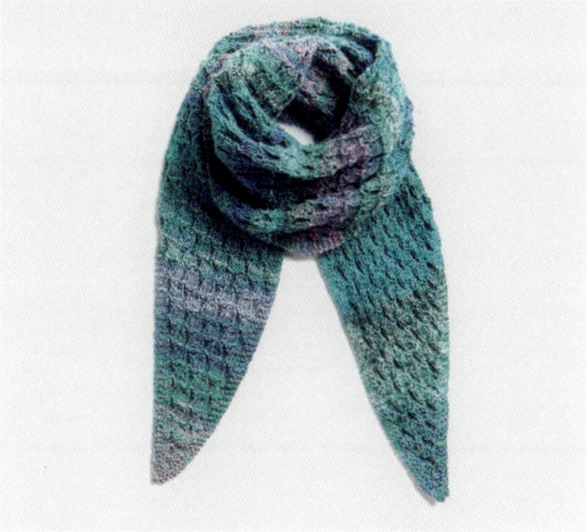

Größen
Stirnband: Kopfumfang 40 bis 44 (46 bis 50) cm
Dreieckstuch: 50 x 180 cm

Material
Rico Creative Chic Unique dk
Farbe 011 (Ocean) 200 g
Rico Stricknadeln 4 mm
Rico Rundstricknadel 4 mm, 80 cm lang

Grundmuster Stirnband
1. R (Hinr.): 3 M re, *3 M re, 3 M li, ab * noch 2x wdh., enden mit 3 M re.
2. R: (Rückr.): 3 M re, 18 M str. wie sie erscheinen, enden mit 3 M re.
3. bis 6. R: Wie die 1. und 2. R.
7. R: 3 M re, *3 M li, 1 U, 2 M wie zum Re str. abh., 1 M re str. und die abgeh. M darüber ziehen, 1 U, ab * noch 2x wdh., enden mit 3 M re.
8. R: 3 M re, 18 M str. wie sie erscheinen, die U re str., enden mit 3 M re.
9. R: 3 M re, *3 M li, 3 M re, ab * noch 2x wdh., enden mit 3 M re.
10. bis 12. R: 3 M re, 18 M str. wie sie erscheinen, enden mit 3 M re.
13. R: 3 M re, *1 U, 2 M wie zum Re str. abh., 1 M re str. und die abgehobene M darüber ziehen, 1 U, 3 M li, ab * noch 2x wdh., enden mit 3 M re.
14. R: 3 M re, 18 M str. wie sie erscheinen, die U li str., enden mit 3 M re.
15. R: 3 M re, *3 M re, 3 M li, ab * noch 2x wdh., enden mit 3 M re.
16. bis 18. R: 3 M re, 18 M str. wie sie erscheinen, enden mit 3 M re.
Die 7. – 18. R fortl. wdh.

Grundmuster Dreieckstuch
Nach der Strickschrift arb.
Es sind nur die Hinr. gezeichnet. In den Rückr. die M wie bei der Zeichenerklärung beschrieben str.
1x die 1. – 36. R arb.
Dann das Muster am re Arbeitsrand folgerichtig weiterführen.
Für die Zun. am re Arbeitsrand nach den 3 M re 1 M aus dem folgenden Querfaden herausstr. Für die Abn. die beiden M nach den 3 M re mustergemäß zusstr.

Hinweis
Die Stirnbandlänge, je nach Kopfumfang anpassen und entsprechend länger oder kürzer str. Dabei darauf achten, dass das Strickstück ca. 2 cm kürzer als der gemessene Kopfumfang ist. Zuerst das Stirnband str. Dann mit dem Restgarn das Dreieckstuch arb. Dabei das Restgarn vorab wiegen und nach Verbrauch der Hälfte des Garns mit den Abn. beginnen.

Maschenprobe im Grundmuster
24 M und 32 R = 10 x 10 cm

Stirnband
24 M anschlagen und im Grundmuster str.
Nach einer Gesamthöhe von 40 (44) cm alle M abk.

Fertigstellung
Das Stirnband in Form ziehen, anfeuchten und trocknen lassen, dann wie abgebildet, die Abkett- und Anschlagkante verdreht aufeinander nähen.

Dreieckstuch
3 M anschlagen und im Grundmuster str.
Nachdem die Hälfte der Garnmenge aufgebraucht ist das Tuch gegengleich beenden. Aus Zun. werden Abn. Wenn noch 3 M auf der Nadel liegen die M abk.

Fertigstellung
Das Tuch laut Größenangabe spannen, anfeuchten und trocknen lassen.

Grundmuster Dreieckstuch

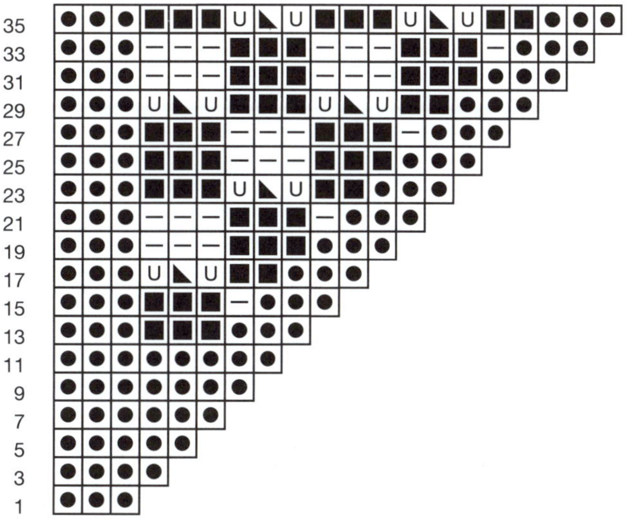

U: 1 U

—: Hinr.: 1 M li
Rückr.: 1 M re

■: Hinr.: 1 M re
Rückr.: 1 M li

●: Hinr.: 1 M re
Rückr.: 1 M re

◣: Hinr.: 2 M wie zum Re str. abh., 1 M re str. und die abgehobene M darüberziehen
Rückr.: 1 M li

SOFT ALPACA

60 % POLYACRYL | 20 % ALPAKA | 20 % WOLLE

50 G ~ 125 M | MULESING FREE

4

10 cm | 10 cm | 24 R/R/RGS | 20 M/STS/M

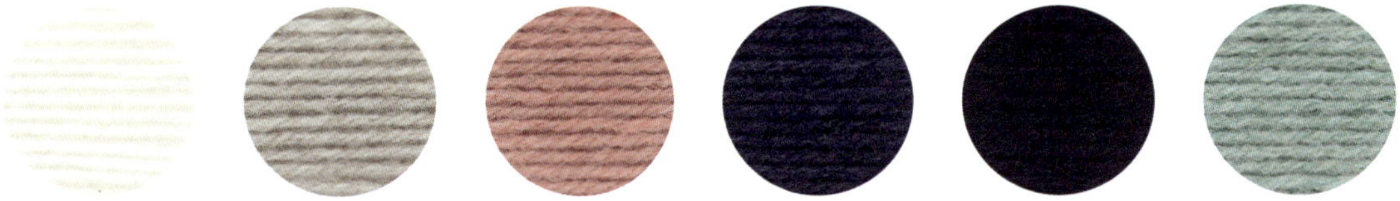

011 009 007 012 014 003

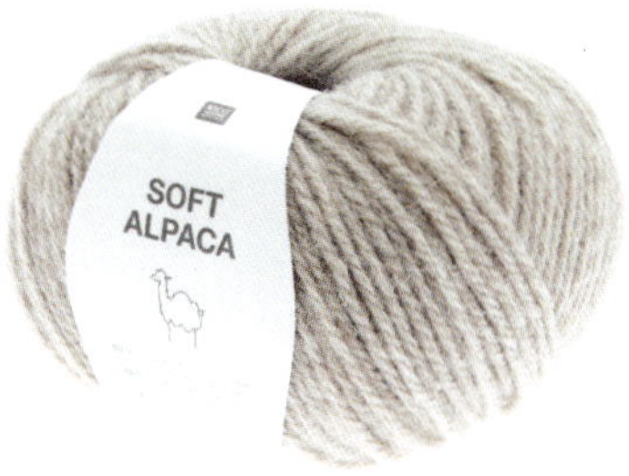

CREATIVE CHIC-UNIQUE DK

75 % POLYACRYL | 15 % WOLLE | 10 % POLYAMID

200 G ~ 310 M | MULESING FREE

6

10 cm | 10 cm | 22 R/R/RGS | 16 M/STS/M

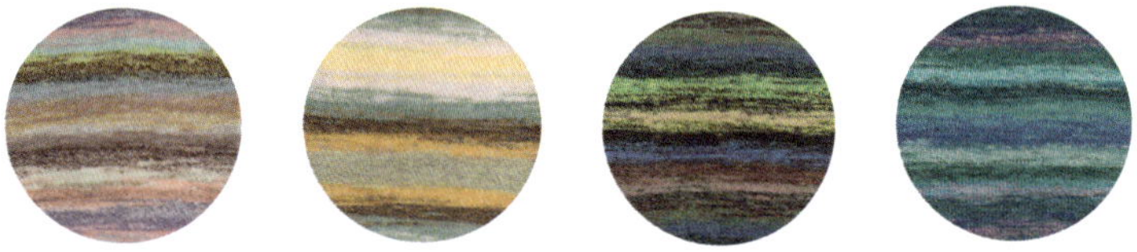

008 010 014 011

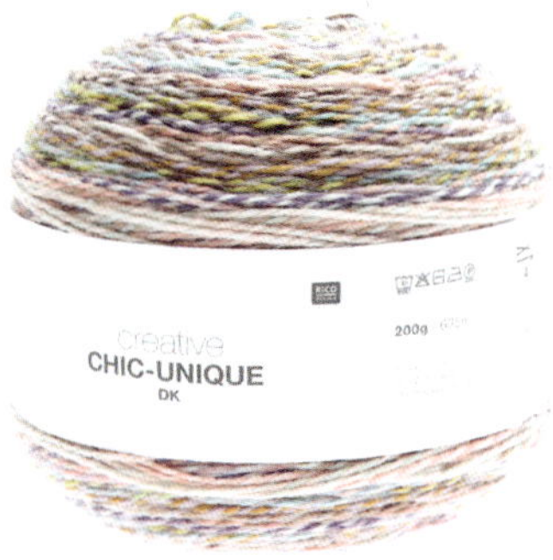

CREATIVE TEDDY

100 % POLYESTER

100 G ~ 225 M

4 – 5

10 cm | 10 cm | 32 R/R/RGS | 20 M/STS/M

OEKO TEX® STANDARD 100
21.0.71263
Hohenstein HTTI
www.oeko-tex.com

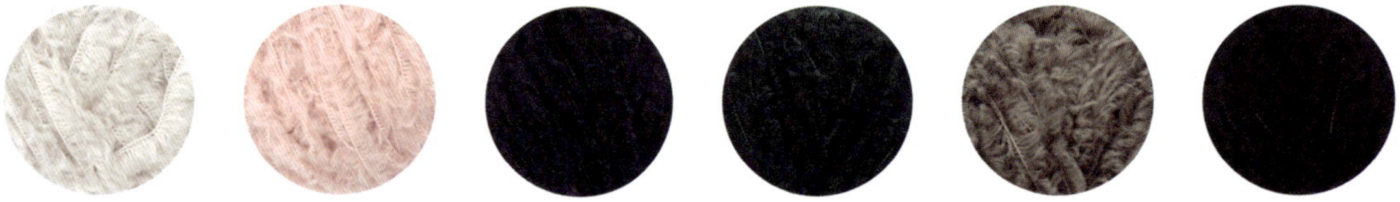

001 002 003 004 006 007

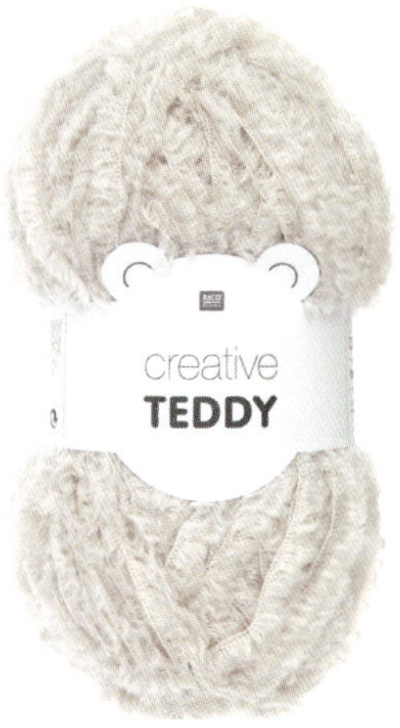